한비자

바른 법치의 시작

차례

Contents

들어가며

과거 우리나라 사람들의 법에 대한 인식은 다소 긍정적이지 못한 편이어서 '법을 가까이 하지 마라' '법을 다루는 사람들도 가까이 하지 마라' '법을 중시하는 것은 인간의 성품을 할퀴는 것이다' 등 법은 비인간적이고, 나아가서는 인간의 진실함을 버리는 것으로 인식하는 경우가 꽤 많았다. 하지만 이와 대조적으로 오늘날에는 '법대로 해라' '법이야말로 사람들 간의 알력이나 갈등을 조절할 수 있는 가장 현명한 방법이다'라고 생각하는 풍조가 만연해 있다.

그런데 어떤 힘 있는 자들은 '법대로'라는 말을 자기 방식대로 이해하고, 자신의 생각만이 법에 가장 근접해 있는 것

으로 착각해 모든 일을 자기 방식으로만 처리하려고 한다. 이는 곧 다른 사람의 주장이나 생각을 무시하고 자신의 방식을 고집하는 경향을 보이면서 결국 독단으로 나아가는 현상으로 나타나기까지 한다. 또 법을 다루는 많은 이들이 이러한 현상에 도취해 자신이 가장 법적 합리주의에 따라 행위하고 있다고 착각하면서 숱한 불상사를 초래하기도 한다. 자신만이 아는 법적 지식만이 옳다고 착각해 악용함으로써 법이 가진 진실성을 왜곡하는 경우라고 할 수 있다.

우리가 살고 있는 현실에서 이러한 법의 악욕(惡慾) 실례는 비일비재한 편이다. 심한 경우는 법 지식을 제대로 갖추고 있지도 못하면서 자신만이 해박한 법 지식을 가진 것으로 치장해 남을 강압하기까지 한다.

1980년대 초, 그러한 이들이 정권을 장악하면서 한쪽에서는 도덕정치를 한다고 떠들고, 다른 한쪽으로는 숱한 인권유린과 권언유착(權言癒着), 정경유착(政經癒着)을 일삼은 것이다. 그나마 청문회를 통해 일부 밝혀지긴 했지만 사실 많은 진실은 가려져 있고, 각 정권이 끝나면 형식적인 절차를 통해 얼마의 돈을 물어내고 이야기를 매듭짓곤 했다.

우리 정치사가 그러한 행태를 거듭하는 데는 연원이 있다. 많은 이들이 이러한 상황을 지켜보면서 떠올린 건 아마도 과거 박정희 정권의 행태가 아니었을까? 그 시대를 살았던 많

은 이들은 이를 '군사문화(military culture)'라는 독특한 표현을 사용해 설명하기도 했다. 1960~1970년대에 수없이 자행됐던 인권유린은 이른바 '법의 유린'이라는 미명 하에 행해진 것들이었다. 많은 사람들이 대법원마저도 군사정권의 하수인으로 전락해 버렸다는 인식을 갖고 있었으며 실제로 죄를 뒤집어 씌운 뒤 사형판결이 나고 하루가 지나기도 전에 사형을 집행해버리는 등의 일들이 빈번했다.

오늘날 하나씩 파헤쳐지고 있기는 하지만, 있을 수 없는 그러한 모든 일들이 너무나 군사문화적인 법운용 혹은 통치자 개인 위주의 법운용으로 이루어졌고, 전두환 정권이 집권해가는 과정에서 광주민주화운동이나 삼청교육대 사건과 같은 파행적 법운용은 '법에 대한 모독'에서 출발한 것일 뿐이었다.

법은 개인의 소유일 수 없다. 그러한 법을 자신들의 사유인양 마음대로 만들고 폐기하고, 나아가서는 그러한 엉터리 법조문을 그들의 하수인들을 부려 마음대로 농락해 왔던 게 대한민국의 가장 가까운 현대사 아니었던가? 우리는 지금이라도 법에 대한 극도의 무시 내지 모독했던 일들에 대해 반성하고 교훈을 얻어야 한다.

지금으로부터 약 2,000년 전 사람인 중국 고대의 법치주의자 한비(韓非, ?~기원전 233)는 이러한 반성과 교훈에 좋은

지침을 제공해 줄 수 있을 것 같다. 필자는 1980년대 중반 대학원 시절에 처음 『한비자(韓非子)』를 읽으면서 이러한 생각을 갖게 되었다. 정확하게 말하면 이 책에서 찾고 싶었던 것이 그러한 내용이기를 희망했다. 그리고 서구 세계로부터 전파된 것으로만 여겨지고 있는 법의 정신을 우리 동방 세계에서 찾을 필요성 또한 충분하다고 느꼈다.

물론 한비의 법사상이 오늘날 적용되고 있는 서구적인 법 내용과 정확히 일치하는 것은 아니다. 그러나 자신들이 법을 소유하고 있다고 착각하며 법을 제정·실행하는 계층의 법운용과 법규 제정 등은 한비가 가장 싫어했던 것이 아닐까 생각한다.

시대적 상황에 의해 한비가 군주 일인을 제외한 법의 공평성(공평한 법적용)을 강조했음은 부인할 수 없는 사실이다. 하지만 이런 약점은 인정하더라도 그가 추구했던 노자(老子)적 법의 정신은 지금도 귀감이 될 수 있는 부분 아닐까?

『한비자』에는 현대의 법실증주의와 다른 일종의 자연법적 사상이 드러나기도 한다. 그리고 그의 법에 대한 의식에는 가족주의와 (국가를 중시하는) 전체주의의 대립이 있다. 그것은 오늘날 동양권 사회에서 아직도 시효를 소멸시키지 못하고 있는 유교적 가족주의와 전혀 상반되는 입장이기도 하다. 그러나 한비의 정신은 법치주의이지, 많은 사람들이 생각하는

서구식의 마키아벨리즘은 아니다.

근래 중국의 한비를 유럽 르네상스기의 정치사상가인 마키아벨리(1469~1527)와 비교 연구해 보려는 경향도 나타난 바 있다. 중국에서 마키아벨리즘을 지향했던 사람은 한비와 동시대인이었던 상앙(商鞅)이다. 중국 고대에서 법가(法家)가 단순히 획일적인 의미로 사용된 것은 아니다. 때로는 상앙과 같은 술수주의자를 가리키기도 하고, 때로는 카리스마적 권위주의를 가리키기도 한다. 근대 지향적 통치철학이라 할 심리조작(권모술수)의 성격이 공통성을 띠기 때문이다.

법가는 많은 경우 마키아벨리의 사상과 비교되어 왔으나 사실 양측 모두 권력의 문제를 개인 도덕성에 관한 모든 고려로부터 독립시키는 경향을 갖고 있다. 그런데 마키아벨리가 관심 가진 것은 인간 행동의 통제를 위한 보편적이고 추상적인 모델이나 제도가 아니라 무한히 다양한 정치 역사의 상황에 적용된 권력의 전략이었다. 결국 마키아벨리가 강조하는 것은 정치과학 또는 정치학이 아니라 '정치술(Political Art)'일 뿐이다. 그러나 한비는 법이라는 커다란 개념 속에서 다양한 법가들의 견해를 종합했다.

중국에서 이러한 마키아벨리적 정신을 여실히 보여준 사람은 진(秦) 이후 한(韓)나라를 건설한 고조 유방(劉邦)일 것이다. 사마천(司馬遷)의 『사기(史記)』에 소개되고 있는 유방의

전기는 숱한 전설들로 장식되어 있으나, 그 인물의 강렬한 인간성은 분명히 전달되고 있다. 평민 출신인 유방은 일종의 과거 합격을 통해 하급 관료가 되었고, 관직에 있는 동안 단순히 법을 집행하는 소극적인 관료가 아니라 상사들에게 가능한 많은 영향력을 행사하기 위해 지방무대에서의 자신의 위치를 활용했다. 그는 진시황의 무덤을 만들기 위해 일하는 강제 노역 집단의 우두머리로 명령받았을 때 수많은 노역자들이 갖은 수를 써 도망가는 것을 보았고, 유명한 반란자 진승(陳勝)과 오광(吳廣)의 반란을 똑같이 모방해 결국 한나라 최초의 황제에 오른다.

당시 진나라 황제의 법에 의하면 유명한 만리장성의 축조를 위해 중국 전역에서 일꾼들을 소집했는데, 일꾼 부대가 정해진 기일 내에 공사현장에 도착하지 못하면 인솔자는 사형에 처하도록 되어 있었다. 그런데 무척이나 광활한 당시 중국의 영토 안에서 정해진 기한을 지킨다는 것은 사실 매우 힘든 일이었다. 따라서 부대 인솔자들은 도착이 지체되는 경우 아주 도망을 가든가 아니면 이판사판식으로 반란을 일으키기도 했다. 진승과 오광 그리고 유방이 그러한 예의 대표 인물이었던 것으로 보인다.

결국 유방이 성공한 황제로서 살아남게 된 것은 가혹할 정도로 엄했던 진시황의 법 집행 탓이었다고 할 수 있다. '정

의로운 농민 지도자'는 아니었던 유방이 왕조 해체기에 꼬리를 무는 내란의 대학살 속에서 살아남을 수 있었던 것은 그의 군사적인 천재성 때문이 아니라 탁월한 인물 판단과 대중적 감정의 요소들을 적절히 배려했기 때문이다. 그러므로 유방은 현실에서 살아남은 고대 중국의 진정한 마키아벨리주의자였다.

그러나 중국 역사에서 위대한 폭군으로 알려진 진시황은 여러 면에서 법가적 '성왕'의 이미지에 가까웠던 것으로 보인다. 진시황의 혁명적 태도는 장래 중국 역사의 전 과정을 통해 항구적인 영향을 미치게 되었다. 그리고 법가적인 면에서 '진정한 군주는 사회 전체에 강요된 객관적이고 비인격적인 법률, 제도 장치 및 절차들의 운용에 임의적으로 개입하지 않는다'는 법가의 원리에 충실했던 것으로 보인다.

진시황은 법이라는 객관적인 행위 기준, '예서(隷書)'라는 서체의 발명, 수레바퀴 축의 길이, 도량형의 표준화와 같은 영역에까지 객관적인 기준을 확장시켰다고 한다. 사마천의 『사기』에 기록된 것처럼 진시황 체제의 무자비성은 변덕스러운 전제 군주의 무작위적인 행동을 반영하는 것이 아니라 형법의 단호성과 역기능적인 태도, 행동양식들에 대한 사회적 척결을 주장하는 법가의 이상과 매우 긴밀한 관계를 갖는다.

중국 법의 출발점과 사회·문화적 분위기

종법 질서

우리의 현실에서 법에 대한 의식이 어떻게 전개되어 왔는가를 추적해 보면 중국 고대에 형성된 종법(宗法)에서 기원하였음을 확인할 수 있다. 그리고 오늘날의 표현으로 '종법적 질서'란 우리의 종중 의식에서 찾아볼 수 있다.

역사·사상적으로 『한비자』에 나타나고 있는 법의 관념과 유가적 도덕관념은 원래 그렇게 대립적이었던 것도 아니고, 어느 한 쪽이 다른 쪽을 철저하게 무시해 버릴 수 있었던 것도 아니다. 적어도 역사적으로는 유가 내지 유교가 법을 철저

히 외면하거나 배척한 것이 사실이긴 했지만, 연원적으로 본다면 원래 그렇게 대척적이라거나 모순되는 것은 아니었던 것으로 볼 수 있다.

이는 중국 고대의 종교사상에서 기원한다. 중국 고대 사회를 유지했던 종교적 체계는 후대의 천인합일(天人合一)을 이루는 천명(天命) 질서였다. 천명 질서는 은(殷) 시대에는 상제(上帝), 주(周) 시대에는 천(天)이라는 인격적 존재로 이해됐다. 그러한 존재는 상제든 천이든 관념상의 차이는 다소 있었을지 몰라도 저 높은 하늘 위에서는 인간세계를 지배하는 유일신적 지위를 갖고 있었다. 여기서 인간세계를 지배하는 최고의 우두머리는 '하늘의 아들' 곧 천자(天子)다. 천자는 하늘과 인간의 세계를 매개하는 중간자적 존재다. 그의 권력은 하늘로부터 비롯되는 것이라 믿었기 때문에 그러한 권력의 근거를 '천권신수설(天權神授說)'이라 부른다.

이러한 고대적 세계관에서 고대 종교의 이중적 의미가 주어진다. 『설문(說文)』에 따르면, '예(禮)'는 '보일 시(示)'와 풍성한 모습을 뜻하는 '풍(豊)'의 합성어로 인간세계의 풍성한 모습을 하늘에 보여주며 감사하는 의례행위를 뜻한다. 그것은 곧 인간이 하늘의 뜻을 따랐을 때 받게 되는 인간 세계의 풍요를 다시 하늘에 보임으로써 감사하는 의례적이고도 종교적인 행위다. 여기에서 '풍'이란 말 또한 제사의식에 수반되는

의례행위를 가리켰다. 그리고 '예'는 곧 본래 천인합일적 세계에서 수반된 종교의식의 총체였다.

예와 더불어 고대적 세계가 형성되어 가는 과정에서 등장하는 개념이 형벌(刑)이다. 고대 세계는 혈연을 기초로 한 종족 중심으로 형성되어 종족 간의 충돌과 투쟁, 전쟁 등을 반복했고, 이합집산과 병합 등을 통해 새로운 부족 또는 부족국가가 형성되었다.

여기에서 하나의 종족은 두 가지 형벌 체계를 유지해야 했다. 하나는 내부 종족 구성원 사이의 단결을 요구하는 것이고, 다른 하나는 이긴 종족이 패배한 종족에게 가하는 징벌의 형식이다. 두 가지 모두 오늘날 오형(五刑), 곧 다섯 가지 형벌로 알려져 있다. 전자는 매질(笞), 곤장(杖), 강제이주(徒), 유형(流), 사형(死)이며, 후자는 문신(墨), 코 베기(劓), 다리 자름(腓), 생식기 제거(宮), 목 베기(辟)다. 이는 무사 종족의 씨를 거세하는 데 그 목적이 있었다. 이러한 형벌은 오늘날에는 잔인하기 짝이 없는 것이지만, 고대 세계에서는 종족 질서를 유지하기 위해 필연적인 것이었고, 그러한 관습은 훨씬 후대에까지 유산으로 남겨졌다(훨씬 뒤의 일이지만 우리가 잘 아는 사마천도 한대에 궁형을 받은 인물로 알려져 있다).

'예와 형'이라는 이러한 이중 구도는 서주(西周) 시대에 이르러 더욱 세련되게 변한다. 서주 시대는 기원전 1046년 무

왕(武王)이 상(商)의 마지막 왕 주(紂)를 멸망시키고, 호경(鎬京, 섬서성 장안 서북쪽)에 도읍을 정한 때부터 기원전 771년 춘추시대가 시작되기 전까지의 시기를 말한다. 주 시대는 봉건제 사회라고 알려져 있으나, 이는 서양적 표현이고 정확한 용어는 '종법'이라 할 수 있다. 종법은 통합된 주 왕조가 시행할 수 있었던 최선의 국가체제였고, 춘추시대 공자가 꿈꾼 사회, 즉 정명(正名)의 이념으로 안정된 사회질서의 이상향이기도 했다.

이와 같은 종법의 근간은 『좌전(左傳)』 「소공(昭公)」 7년의 기사인 '하늘에는 열흘이 있고, 사람에는 10등이 있다. 아래는 위를 섬기는 바이고, 위는 신을 받드는 바이다. 그리하여 왕은 공을 신하로 부리고, 공은 대부를 신하로 부리며, 대부는 사를 신하로 부리고, 사는 백성을 신하로 부린다 …(天有十日, 人有十等. 下所以事上, 上所以共神也. 故王臣公, 公臣大夫, 大夫臣士, 士臣民 …)'에서 알 수 있는 바, 여기에서 사 이상이 통치 계급에 해당한다.

그런데 종법의 근간을 이루는 토지 제도는 천하를 '우물 정(井)'자로 나누어 9등분하는 정전제(井田制)다. 이렇게 구획된 국가에서 한 가운데는 왕, 곧 천자가 직할하는 기(畿)이며 변방의 여덟 곳은 팔도(八道)가 된다. 팔도는 천자와 혈연적으로 가까운 왕족들이 다스리는 영지이며, 이러한 왕족들이

곧 제후(諸侯, 公)다. 제후들은 자신이 분봉 받은 영지를 다스리기 위해 일종의 내각이 필요한데, 여기서 경(卿)과 대부(大夫), 사(士)로 이루어지는 통치체제가 형성된다. 그리고 '천자-제후-경-대부-사'와 같은 통치 계층은 고대에서 인(人)으로 통칭했고, 서인(庶人) 이하는 민(民), 곧 피지배계급으로 형성되었다.

『예기(禮記)』「곡례(禮記)」편에 나오는 '예는 서민에게까지 내려가지 않고, 형벌은 대부에게까지 미치지 않는다(禮不下庶人, 刑不上大夫)'는 기록은 곧 이러한 사정을 그대로 보여준다. 곧 서인이 아닌 각각의 지배 계층은 그 계급에 맞는 질서를 가지고 있으며, 그것은 곧 '예'라는 한 마디로 표현되고 있다. 우리는 여기에서 주 왕조 초기의 사회는 두 가지 규범에 의해 질서가 유지됐음을 알 수 있다. 하나는 '예'요, 다른 하나는 '형벌'이다. 예는 군자(君子), 곧 귀족들의 행위를 규제하는 불문율이며, 형벌은 소인(小人)으로 지칭된 서인들에게 적용되었다.

초창기에 천자와 제후, 대부들은 모두 혈연적 인척 관계를 맺고 있었다. 그러나 제후들은 세습적으로 특권을 물려받았기 때문에 세월이 갈수록 이 특권은 자기 윗사람에 대한 충성과는 별개의 것으로 간주되었다. 그래서 중앙의 천자가 다스리는 통치권 내에 종속된 각 나라(國)들은 사실상 반독립

적 상태였으며, 제후들의 나라 안에는 또 많은 반독립 상태의 '가(家)'들이 있었다. 정확하지는 않지만 가의 규모는 길게는 5대가 함께 살아 적지 않은 규모였던 것으로 보인다. 이들 국이나 가의 제후와 대부들은 서로 인척들이었기 때문에 사회·외교적 관계를 맺고 있는 상태에서 사건이 발생하면 '군자의 협약'인 불문율에 따라 처리했다. 이러한 처리방식에서 가장 중요한 점은 그들의 행위가 '예'라는 이름으로 행해졌다는 것이다. 이러한 고대의 분봉 제도는 그 구조가 단순해 예와 형 두 개의 규범만으로도 질서가 유지됐다.

가장 위에 있는 천자와 제후들은 백성들과 직접 접촉하지 않았고, 하위의 대부들에게 문제를 해결토록 위임했으며 대부들은 자기 지역 내의 백성을 직접 통치했다. 지역 내의 인구는 한정되어 있어 귀족들은 자기 통치 하의 백성들의 실정을 잘 알 수 있었다. 여기서 형벌은 자기의 신하들을 계속 복종시키기 위한 도구였다. 그러므로 초기 봉건 사회에서의 여러 관계는 상하를 막론하고 개인적인 역량과 접촉의 기반 아래에서 유지되었다.

'예'에서 '법'으로

그런데 이렇게 정비되어 있던 종법 질서는 서주의 몰락과

더불어 붕괴하게 된다. 서주의 마지막 왕인 유왕(幽王)이 즉위한 기원전 781년 당시는 해마다 흉년이 들고 정국은 불안했다. 하지만 유왕은 즉위하면서부터 마시고 노래하고 노는데만 열중했다. 고대 어느 왕조든 으레 미인(美人)이 멸망의 단초를 제공하곤 한다. 서주도 마찬가지였다. 유왕이 사랑했던 포사(褒姒)는 포(褒) 씨의 딸이었다. 포 씨가 범법을 해 유왕에게 속죄의 대가로 딸을 보냈는데, 대단한 미인이어서 유왕은 정비를 버리고 포사를 편애했다. 그리고 포사는 아들 백복(伯服)을 낳았다. 유왕은 포사를 너무나 사랑해 원래 정비인 신후(申后)와 적자가 있었는데, 이들을 내쫓고 포사를 정비로, 백복을 태자로 삼았다.

그런데 포사는 도통 웃는 일이 없었다고 한다. 유왕은 그녀의 웃음이 너무나 보고 싶어 만금의 상금을 내어 포사를 웃기는 방안을 모았다고 한다. 이때 괵석부(虢石父)란 아첨꾼이 봉화를 이용해 포사를 웃기는 방안을 내놓는다. 당시 견융(犬戎)에 대비해 위급한 상황이 발생하면 여산(驪山)에서부터 20여개 소의 봉화대에 연차적으로 불을 붙여 위급한 상황을 알리고, 제후들이 천자에게 와서 위급을 구하도록 되어 있었다. 유왕은 포사가 웃는 모습을 보고 싶어 거짓으로 봉화를 올렸고, 제후들은 허겁지겁 달려왔다. 하지만 아무 일도 없음을 알고 어리둥절해 하자 이 모습을 보고 포사의 웃

음이 터졌다고 한다. 이에 유왕은 포사의 웃음이 보고 싶을 때마다 이런 일을 반복했다.

그러다 기원전 771년(진 양공 7년) 신후(申后)의 아버지인 신(申)나라의 신후(申候)가 딸의 원한을 갚기 위해 북방의 견융족과 연합해 수도 호경을 공격했다. 즉시 위급을 알리는 봉화가 올랐으나 다시는 속지 않겠다고 다짐한 제후들은 아무도 오지 않았고, 왕은 여산까지 도망갔으나 거기서 붙잡혀 죽임을 당하고 서주는 망했다.

이후 기원전 770년 유왕의 아들인 평왕(平王)이 수도를 버리고 동쪽으로 가서 낙읍(洛邑, 지금의 하남성 낙양)에 도읍을 정했다. 평왕은 천도 중에 진양공(秦襄公)을 제후로 봉했다. 이때부터 '동주(東周)'라 이름을 바꾸고 우리가 잘 아는 춘추전국시대에 접어들게 된다. 이와 같은 역사적 사건 또한 '전통적 예법 질서를 상징하는 통치방식으로서의 행위가 과연 적절한가?'라는 반론을 낳는 계기가 되었다.

주나라가 제후들을 통솔하는 힘을 상실하면서 제후들 중에서 강한 자가 패자(覇者)를 자칭하고 약한 제후국을 공격하기 시작한다. 패자는 제후들의 맹주(盟主)로 자처하며 힘으로 지배하려 했고, 제후들은 저마다 패자가 되기 위해 치열한 각축전을 벌였다. 이 시대가 곧 '춘추전국'인데, 서주에 있어서는 동주 시대이며, 주나라가 수도를 낙양(洛陽)으로 옮긴

뒤부터 진나라의 시황제가 등극하는 기원전 221년까지의 시기다.

춘추전국시대는 정치적으로는 종실 본위와 가부장적 귀족정치에서 군주의 집권이 강화되는 군주전제정치로, 사회·경제적으로는 소규모 농업생산체제에서 농상의 자유경쟁을 통해 부호의 성장을 근간으로 하는 대규모 경제체제로 전환하는 시대다. 이는 소규모의 단순한 국가조직에서 대규모의 복잡한 국가체제로의 전환을 의미한다. 이에 따라 종래의 농본주의적 체제에 입각한 가부장적 국가 관념은 새로운 국가 관념으로 대체되어야만 했다. 이러한 요청에 부응해 종래의 유가적 통치관을 비판하고, 객관적 법에 의한 새로운 통치관을 주장함으로써 법가의 사상체계가 성립한다.

서주 시대 강력한 종법을 토대로 이루어진 사회체제가 붕괴되고, 광범위한 사회·정치적 변화가 발생했다. 군자와 소인 계급의 사회적 차별이 예전처럼 엄격하게 구별되지는 않았고, 춘추시대 후반에 속하는 공자(孔子) 당시에는 토지와 직위를 잃은 귀족들이 있었는가 하면 재능과 행운이 있어 사회·정치적으로 탁월한 지위에 오른 평민도 생겨났다. 사회계급의 낡은 고리가 깨진 것이다.

그리고 시간이 지남에 따라 대국의 영토는 공격과 정벌로 점점 더 확대되었다. 전쟁을 수행하기 위해 대국들은 강력한

행정력 곧, 고도의 중앙집권력을 가진 정부를 필요로 했다. 그 결과 정부의 기능과 구조는 이전보다 훨씬 복잡하게 됐으며, 강대국의 출현과 더불어 새로운 상황에서 새로운 문제가 수없이 발생했다.

당시 봉건 국가의 군주들이 직면한 상황이 바로 이러했으며, 이 문제를 풀어보자는 것이 공자 이래 여러 학자들의 공통된 관심사였다. 하지만 제자백가들이 제안한 해결책의 대부분은 실천하기에는 요원한 것들이었다. 군주들이 필요로 한 것은 백성들에게 선정을 베풀기 위한 이상적인 정책이 아니라 각국이 당면한 문제를 다룰 수 있는 현실적이고 구체적인 대안이었다. 따라서 도덕적 이상주의에 입각한 '예'보다 현실적인 '법'이 요청되었다. 예는 귀족 중심적인 것으로 도덕성에 의존해야 하는 것이었으나, 법은 군주 이외의 모든 사람에게 적용되어야 한다는 현실적인 판단에 의거했다.

중국식 법의 정착

정치질서의 기초로써 집행된 형벌의 기본개념은 기원전 6세기의 성문화된 형법이 최초로 대중에게 공개되고 이후 실제 정치가들 사이에서 점차적으로 발전되어 왔다. 특히『좌전』의 설명을 통해 법전의 발행이 숱한 논쟁거리가 되었고, 전통적인 '인간 대 인간의 관계'를 위배한다고 느낀 전통 관료들이 수없이 많았음을 알 수 있다.

기원전 536년 정(鄭)의 재상이었던 자산(子産)은 처음으로 성문법인 형서(刑書)를 형정(刑鼎: 세 발 달린 신성한 제기의 일종)에 새겨 제정·공포함으로써 정치적 성과를 올렸다고 한다. 이것이 이른바 고대 중국에서 발생한 성문법의 원류다. 이에

대해 전통주의자 숙향(淑向)은 선왕들이 질서를 유지한 방법
은 정의의 주입, 어질고 충성스러운 관료들의 선택, 범죄에 대
한 엄격한 처벌일 뿐 공개적으로 법을 성문화하지는 않았다
고 하면서 "성문화된 법은 송사를 야기할 뿐"이라는 이유로
자산의 조치에 강력히 반대했다.

만일 사람들이 법령을 이해한다면, 그들은 자신들의 상
사를 두려워하지 않을 것이다. 그들은 형법에 적힌 것에 따
라 검토하여 분쟁의 마음을 가질 것이며, 요행으로써 자신
이 원하는 것을 이루려 할 것이다. 이들을 다루는 것은 불
가능할 것이다.

기원전 513년 진(晉)의 군주는 '진나라로부터 고(鼓)의 철
에 형벌 정족기(鼎足器)를 만들어 범선자(范宣子)가 쓴 형법을
공개했다(이것이 중국의 문헌 중에서 철이 언급된 최초의 경우다). 바
로 뒤인 기원전 510(?)년 정의 대부인 등석(鄧析)이 국가가 정
한 옛 제도를 개혁하기 위해 군주의 명이 있기도 전에 사적
으로 죽형(竹刑, 죽간에 쓴 형벌)을 만들었는데, 기원전 501년
정의 경(卿) 사헌(駟獻)이 사적으로 형을 만들었다는 죄목으
로 등석을 죽였다고 한다.

또 『좌전』은 귀족들이 자신들의 가족 전통에 따라 은밀히

문제를 해결해왔으나 이제 모든 사람들이 볼 수 있도록 공개된 비인격적 법에 의해 판단되어야 한다는 사실에 경악하는 공자의 모습을 기록하고 있고, 법에 대한 공자의 태도는 『논어(論語)』에서도 마찬가지다. 이와 같은 형서나 형정의 성립은 춘추전국 당시의 사회·경제적 추이를 반영하는 것이었다. 여기에서 한비가 정의한 바에 따르면 '법'이란 명문화하여 일반에게 분명히 공시해야 할 법률, 다시 말해 오늘날의 실정법에 해당되는 성문화한 법률을 가리킨다. 법이 귀천의 차이를 훼손시킨다는 비난은 매우 분명한 의미를 지닌다. 중국에서 법가의 출현 이전과 이후 모두의 일반적인 관행과는 달리 법가는 군주 아래의 모든 사람들을 법 앞에서 평등한 존재들로 취급했다.

어쨌건 이 시대의 패자들은 '힘의 논리'로 무장하고 있었다. 당시의 제자백가들이 이 문제를 해결하기 위해 다양한 방법을 제시했으나 현실적이고 실천적인 대안이라기보다는 지나치게 이상적인 정책뿐이어서 대부분의 통치자들로부터 외면을 당했다. 이러한 시대적 상황에 부응해 현실을 바로 보고 구체적이고 효과적인 대안을 제시한 자들이 있었으니, '나라를 다스리는 방법을 아는 인재'라는 뜻으로 이들을 '법술지사(法術之士)'라고 불렀으며 이들이 훗날 '법가(法家)'라고 일컬어지는 사상가들이다. 이들은 통치자가 통치력을 완전히

장악하는 방법은 엄격한 법 집행뿐이라고 주장했다.

그들이 개발한 통치방법은 다스리는 자에게 고도로 집중된 권력을 위임하는 방법이었으며, 그 방법은 극히 간단한 것으로 다스리는 자가 성인 또는 군자가 될 필요는 없고, 방법을 잘 운용하기만 하면 평민이라도 통치할 수 있었다. 그리고 한걸음 더 나아가 자신들의 방법을 이론화하고 합리화시키는 인물도 나타났는데, 이들이 후에 법가의 중추를 이루었다. 따라서 법가의 사상을 현대 '법률학'과 연관 짓는 것은 무리다. 법가의 주장은 주로 조직론과 방법론, 지도자론, 지도방법에 관한 것이 전부였다.

한비가 생존했을 당시 중국 사회는 생산수단이 급격히 발달해 신흥지주 세력과 구 귀족들이 토지점유 문제를 둘러싸고 격렬한 싸움을 벌이고 있었다. 또 신흥지주 세력 내부에도 몰락 과정에서 재빨리 전향한 구 노예주 귀족 일부와 상공업자 및 소생산자로부터 진출해 온 두 가지 다른 출신 성분이 섞여 있어 서로 대립하는 상태였다.

한나라의 최대 귀족은 군주였다. 그러나 개인 사가(私家)의 토지 사유가 공인되고, 대단위 토지겸병(土地兼倂)이 진행되는 변혁기에 접어들면서 군주와 그 밖의 다른 귀족들 사이에 이해를 둘러싼 갈등이 점점 심화됐다. 기득권을 가진 자신의 지위를 유지하기 위해 군주는 서인 출신의 지주 계층과 결탁

하고, 이에 항거하는 구 귀족 세력에게 타격을 가하기에 이르렀다.

실제로 초(楚) 도왕(悼王)은 오기(吳起)를 등용했고, 한(韓) 소후(昭侯)는 신불해(申不害)를 재상으로 삼아 일대 개혁을 도모한다. 신불해는 『신자(申子)』를 쓴 것으로 알려져 있고, 그의 사상은 '본래 황노(黃老)에 근본을 두고, 형명(刑名)을 주로 삼으며, 군주를 높이고 신하를 낮추며 위를 숭상하고 아래를 내린다(本于黃老而主刑名, 尊君卑臣, 崇上抑下)'고 하는 '군주의 무위(無爲)'를 강조하는 것이었다.

진(秦) 효공(孝公)은 기원전 358년 상앙을 재상으로 등용해 일련의 정치·경제적 개혁을 단행하고, 새로운 생산관계와 봉건화의 길을 열고자 했다. 이때 그가 채택한 것을 이른바 상앙의 '신법(新法)'이라 부른다. 상앙은 원래 위(衛)나라 사람으로 '위앙(衛鞅)'으로 불리던 사람이었는데, 변법(變法)의 성공으로 군주에게서 상(商)의 일부를 녹봉으로 하사받으면서 '상앙'으로 불리기 시작했으며, 『상군서(商君書)』의 저자로 알려져 있다.

그의 혁신적인 정책은 다음과 같다. 치안책으로 십오연좌제(什伍連坐制)를 실시해 열 집을 일오로 삼아 범법자를 신고하지 않으면 나머지 아홉 집이 모두 처벌 받는다. 생산력 확대를 위해 농업에 종사하는데 세금을 많이 내면 부역을 면제

해 주고, 게으른 자는 관노로 삼는다. 전공을 장려해 전공을 기준으로 관직과 작위를 내리고, 귀족이라도 전공이 없으면 평민으로 만들었기 때문에 많은 귀족들이 반발했으나 오히려 관직을 박탈당하는 일이 빈번했다. 심지어 태자까지 반발했으나 태자를 직접 처벌할 수는 없어 그의 스승 둘을 각각 의형(劓刑)과 자형(剌刑)에 처했다고 한다. 그리고 일종의 호패법을 시행해 외출할 때에도 호패를 가지고 다녀야 했으며, 호패가 없으면 다른 지역에서 여관 투숙이나 식사를 할 수도 없었다. 신법은 성공했으나 효공이 사망한 뒤 상앙은 구 귀족들의 엄청난 회오리에 휘말려 몰락했고, 도피를 꾀했으나 자신이 만든 법에 걸려들어 투숙도 식사도 하지 못한 채 신고를 당해 처절한 죽음을 맞는다. 이것이 이른바 '상앙의 비극'이라 일컫는 것이다.

이와 같은 여러 제도들은 고대 노예사회의 종식을 촉진시켰다. 그러나 초기 법가철학의 역사적 한계성과 법치에 대한 복권과 수구세력의 불투명한 비판, 기반의 취약성 때문에 변법의 추세가 오히려 반변법(反變法)의 동향으로 뒤집어지고 말았다. 이때 구 귀족의 잔존 세력은 주변 상황의 변동과 함께 반변법의 움직임에 큰 기여를 했다.

고대의 권위가 시대의 변혁과 필연적인 관련이 있음을 거부하는 것은 이 시기의 법가, 도가, 후기 묵가 등 유가를 제

외한 모든 학파의 공통적인 추세였다. 이러한 추세는 심지어 법가들이 어떤 경우에 자신들의 교의의 유래를 선왕에서 찾는 관례마저 금지시키지는 않았다. 그러나 『상군서』와 『한비자』는 상황 변화의 근본적인 역사적 원인을 추구하는 점에서 독특성을 갖는데, 그들은 그 원인을 '인구의 증가'에서 찾았다.

한비, 법가를 종합하고 체계화하다

  중국 고대의 법가 사상을 담은 대표적인 고전 『한비자』 55편을 쓴 한비의 생애는 분명하지 않다. 다만 사마천이 쓴 『사기』 「노장신한열전(老莊申韓列傳)」의 기록에 따르면, 그는 전국시대 말기 한나라의 여러 공자 중 한 사람이며 일찍이 형명과 법술(法術)을 익혀 중앙집권적 봉건전제정치 체제를 적극적으로 창도한 법가 이론의 집대성자다.

  한비는 기원전 3세기 초 지금의 호남성 서부에 위치했던 한나라의 왕 '안(安)'의 아들로 태어났다고 한다. 그의 신분은 서공자(庶公子)였다. '서공자'란 공자들 중에서 모친의 신분이 낮은 사람을 가리킨다. 왕족의 일원이긴 하지만 그렇게 혜택

받는 위치에 있었다고는 할 수 없다. 일설에 의하면 그는 명문 귀족의 후예였을 뿐이라고 전해지기도 한다.

한나라는 전국칠웅(戰國七雄) 중에서도 국토가 가장 작은 나라였다. 게다가 지리적으로 중국의 한 가운데에 자리 잡고 있어 주변에 뻗어 나갈 만한 미개척지가 없고, 영토는 사방 천 리도 못 되는데다가 서쪽으로는 진나라, 동쪽으로는 송(宋)나라와 제(薺)나라, 북쪽으로는 위(魏)나라, 남쪽으로는 초(楚)나라와 국경을 맞대고 있어 잠시도 평온할 날이 없었다. 특히 서쪽으로 국경을 접한 진나라는 한에게 최대의 위협이었다. 진은 기원전 4세기에 상앙의 법치주의를 채용해 국정의 개혁을 단행한 이래 급속히 세력을 뻗쳐 6국을 누르고 중국 통일을 목표로 삼기에 이르렀다.

한비는 한나라 왕이 법률과 제도를 정비하고 권력을 장악해 나라를 부강하게 만들고 어진 인재를 등용하는 데 힘쓰기는커녕, 실속 없는 소인배들을 등용해 그들을 실질적인 공로자보다도 높은 자리에 앉히는 것을 보고 매우 가슴 아파했다. 또 유학을 내세우는 자들은 경전을 들먹이며 나라의 법도를 어지럽히고, 협객은 무력으로 나라의 법령을 어기고 있다고 비판했다. 군주가 나라가 태평할 때는 이름을 날리는 유세가들만 총애하다가 나라가 위급해지면 허겁지겁 갑옷 입은 무사를 등용하는 점 또한 못마땅하게 여겼다. 한비는

앞선 법가들이 직접 체험한 역사적 교훈을 살려 한나라 왕에게 법가가 표방하는 정치노선을 채택하도록 요구한 바 있었다.

하지만 한의 운명은 이미 강대국 진나라 앞에서 풍전등화(風前燈火)의 상태에 놓여 있었다. 젊은 공자 한비는 이러한 조국의 현상을 한탄하고, 과거 진과 한에서 정치개혁을 떠맡아 부국강병을 안겨준 개혁자들인 상앙이나 신불해 등의 정책에 심취했던 것으로 보인다. 그래서 그는 당시의 대표적인 학자였던 순자(荀子)에게 유학을 갔다. 당시 순자의 제자 중에는 훗날 진의 재상이 되는 이사(李斯)도 있었다. 이사까지도 한비의 재능에는 눈길을 주었다고 한다.

한비는 여러 학파의 설을 비판하거나 채용함으로써 부국강병을 위한 독자적인 학문을 형성했다. 한비는 스승 순자를 따라 인간을 본질적으로 실리지향적인 동물로 파악한다. 사람과 사람 사이에는 이해가 서로 엇갈려 늘 모순·대립한다. 그것은 결코 사랑과 미움 때문에 일어나는 반목이 아니다. 어디까지나 공리적인 치밀한 계산에 의해 전개되는 일종의 투쟁 상태다. 여기에서 한비는 시시비비, 곧 '선과 악'이라는 도덕적 가치평가를 일체 배제하고, 오로지 '참(眞)이냐 거짓(僞)이냐'의 사실 인식만을 문제 삼았다. 우리가 서로를 친애하는 소박한 심정은 이해타산 앞에 무력하다는 것이다. 따라

서 그는 의리(義理)나 명분(名分)이 실리와 얼마나 괴리가 있는가를 강조했다.

한비는 말년에 현실정치에 참여할 기회를 갖게 되었다. 하지만 그의 정책이 한에서는 쓰이지 못했다. 그의 정책을 현실정치에 적용하기 위해서는 우선 자신이 국왕에게 인정을 받지 않으면 안 되었다. 그러기 위해서는 국왕에게 변설을 토로해야 하는데, 안타깝게도 한비는 언변이 없었다. 그는 말더듬이었다고 전해진다. 그래서 오직 문장에 의해서만 자기의 의견을 상주했는데, 그 문장에는 부자유한 변설을 보충하고도 남는 예리함이 있었다.

한비는 끊임없이 한의 왕 안에게 '법·술·세'에 대한 의견을 진언했으나 받아들여지지 않았다. 그는 이러한 정치 슬로건을 내걸고 신흥지주 계층의 변법운동에 이론적 근거도 제시했다. 그러나 한나라 권력구조 자체의 모순 때문에 그의 노력은 실패로 돌아가고 말았다. 변법과 반변법의 격동 속에서 한비는 정치·경제·사회 등 모든 분야가 내포하고 있는 여러 모순을 너무나 절실하게 감지할 수 있었다. 「고분(孤憤)」「오두(五蠹)」「정법(定法)」「현학(顯學)」편은 그 생생한 기록들이다.

오히려 한비의 이론을 채택해 정책에 실제로 활용한 사람은 진의 왕 정(政)이다. 한비는 자신의 장점을 인정하려 들지 않는 세상에 대해 분노와 격분을 토로할 상당한 능력을 갖

고 있었다. 그리고 그의 저작은 장차 시황제가 될 진나라 왕의 관심을 끈다. 기원전 234년, 진의 침공을 받은 한을 위해 한비는 사절이 되어 진에 파견되는데, 거기에서 그는 옛 친구였던 재상 이사로부터 중상모략을 당한다. 이사는 강력한 이론가는 아니었다. 하지만 한비의 이론을 실행하는 역할은 본능적인 정치 감각이 훨씬 더 발달되어 있던 그의 동료 이사의 몫이었다.

한비의 이론은 시대의 첨단을 달리는 것으로, 국력이 쇠약한 한에는 이를 잘 이용할 만한 힘이 없었을 지도 모른다. 한비의 이론이 자기 조국 한을 멸망시키는 진나라 군주에 의해 활용된다는 괴로운 결과 또한 어떤 의미에서 당연한 것이었는지도 모른다.

언젠가 진왕의 측근 한 사람이 한비의 저작을 갖다 바쳤다. 진왕은 그 가운데 「고분」과 「오두」 두 편을 읽고는 매우 기뻐했던 것 같다. "이 책을 쓴 자는 한비라고 하는 사람입니다." 진왕의 곁에서 이렇게 말한 이는 다름 아닌 한비의 친구 이사였다. 전날 순자의 밑에서 한비와 함께 수학했던 그가 이제는 진왕이 총애하는 재상이 되어 있었다. "그렇게 만나보고 싶으시다면 한을 공략하는 것이 어떻겠습니까? 한은 반드시 한비를 사자로 보낼 것입니다." 그래서 진왕 정은 한에 대한 공격을 명했다. 그리고 예상했던 대로 한은 화해를 청하

기 위해 한비를 진에 보냈다. 이렇게 해서 한비는 진왕을 알현한다. 그는 조국 한을 구해보겠다는 애국심에서 진왕을 설득했을 것이다. 진왕 정의 손에는 생사여탈권(生殺與奪權)이 쥐어져 있었다. 한비는 자신의 생각을 살릴 수 있는 나라는 진나라뿐이라고 생각했는지도 모른다.

한편 이사는 한비가 등용되면 자신의 지위가 위협을 받게 되지 않을까 크게 염려했던 것 같다. 그래서 이사는 동료인 요가(姚賈)와 모의하고 틈을 타 진왕에게 진언했다.

"이 사람은 한의 공자입니다. 자기 나라를 먼저 생각하는 것이 인지상정일 것입니다. 아마도 우리 진나라에 충성을 다하려 하지 않을 것입니다. 그렇다고 이대로 돌려보내면 이쪽의 내정을 가르쳐 주는 결과밖에 안 됩니다. 지금 곧 처치함이 마땅합니다."

이 말에 흔들린 진왕은 한비를 옥에 가뒀다. 이사는 한비를 등용하지 않고 억류했다가 그대로 돌려보내면 후환이 될 것이니 마땅히 죽여야 한다고 주장한 것이다. 이사는 곧장 옥중으로 독약을 보내 자살을 강요했다. 한비는 진왕을 만나 직접 변명하려고 했지만 받아들여지지 않자 끝내 스스로 독약을 마셨다고 한다. 기원전 233년, 한비는 그렇게 비극적으로 삶을 마감했다.

진왕은 뒤늦게 자신이 저지른 일을 후회했지만, 이미 한비

가 죽은 뒤였다. 한비는 본래 신하가 군주에게 유세하기 어렵다는 점을 터득하고 「난언(難言)」과 「세난(說難)」 등 여러 편에서 진언의 방법을 자세히 말했지만, 결국 자신의 죽음을 피하지는 못했다. 한비는 비록 진나라에서 죽음을 맞았지만, 그의 법가 사상은 진시황의 통치원칙이 되어 훗날 진나라 통치에 기여했다.

한비는 중국의 사상가들 중에서 자신의 시대와 가장 직접적이고 밀접한 관련을 갖는 정책의 이론가였다. 그의 정책을 토대로 시황제와 이사는 중국을 통일했으며, 주나라의 종법을 대체하는 관료적 제국의 토대를 쌓았다. 기원전 338년에 능지처참을 당한 상군이나 기원전 208년에 요참(腰斬)을 당한 이사와 마찬가지로 한비의 개인적인 운명은 양주(楊朱)와 도가가 왜 사사로운 삶의 상대적인 안전을 추구했었는지를 이해할 수 있게 해준다. 한비의 비극적인 죽음은 정치권력의 냉엄한 속성을 잘 드러낸 사례일 것이다. 그러한 결말은 꼭 법가에게만 해당하는 것은 아니며, 유자들을 포함해 정치에 참여하는 모든 이들의 운명일지도 모른다.

한비가 죽고 3년 후 한은 진에 의해 멸망하고, 다시 10년 후 진은 전 중국을 제패해 진왕 정은 '시황제'라 불리게 되었다. 전국은 36개 군(郡)으로 나뉘고, 그 밑에 현(縣)이 설치되었고, 황제의 직접 임명에 의한 관리가 파견되었다. 그리고 도

량형(度量衡)과 화폐가 통일되었다. 문자의 서체 또한 통일되었다. 사상도 통일되었다. 이것이 법가의 사상통일책에 입각해 실시된 '분서갱유(焚書坑儒)'였다.

『한비자』는 최근 중국에서 "법가가 역사 발전의 추동세력이었다"는 평가를 받고, 관련 연구도서가 활발히 출판되기도 했다. 한비의 세계관, 특히 통치공학적 차원의 냉철한 인간 이해와 심층적 분석이 현대 기업경영에서 인사관리의 측면에 적용시킬 수 있다고 하여 크게 관심을 끄는 추세도 있었다.

『한비자』의 본래 제목은 『한자(韓子)』였으며, 중국 최초의 문헌목록학인 『한서(漢書)』「예문지(藝文志)」「제자략(諸子略)」에는 '한자 55편'이라고 기록되어 있다. 현재 55편은 정확히 십여만 자로 되어 있다.

일찍이 사마천은 『사기』에 한비의 전기를 실었다. 사마천은 『사기』「노장신한열전(老莊申韓列傳)」에서 한비는 과거 정치의 득실과 변화를 살펴 「고분」「오두」「내외저(內外儲)」「설림(說林)」「세난」 등 십여만 자의 저술을 남겼다고만 기록했을 뿐, 한비의 전체 편수에 대해서는 정확히 언급하지 않았다.

『한비자』 55편 모두를 한비 자신이 직접 저술하였는가에 대해서는 의심의 여지가 많다. 그러나 전체 내용이 법가 사상으로 일관되어 있으며 한비의 주장이 그대로 실려 있다는 점만은 분명하다. 그리고 「주도(主道)」「양권(揚權)」「해로(解

老)」「유로(喩老)」 네 편은 내용상 『노자』와 관계가 깊다. 이 점은 1973년 장사(長沙) 마왕퇴(馬王堆) 고분에서 발견된 고문서 연구결과에 근거한 것으로, 한비 생존 시기에 도가와 법가를 절충한 사상이 이미 존재했음이 확인되었다. 『한비자』 55편은 내용과 형식면에서 크게 두 가지로 분류한다. 하나는 자신의 주장을 직접 서술한 논문체·문답체 문장이고, 또 하나는 설화류(說話類)를 편집한 것이다.

지금 전해지고 있는 가장 오래된 판본은 '송건도본(宋乾道本)'인데, 원래 원나라 때 발견된 판본은 53편이었다고 한다. 명나라 때 능영초(凌瀛初)의 『한비자』 「범례」를 보면 「간접시신(奸劫弒臣)」 한 편과 「설림하편(說林下篇)」이 사라졌다고 하나 지금은 55편이 그대로 전하고 있다. 현재 전해지고 있는 『한비자』는 한나라 때의 『한자』 55편보다 내용이 훨씬 줄어든 것이다. 『한비자』 55편 중에는 한비가 직접 쓰지 않고 그의 제자나 법가에 속한 학자들이 쓴 글도 포함되어 있음을 유추해 볼 수 있다. 지금까지 남아 있는 판본에는 '송건도본' 외에 명나라 때의 '도장본(道藏本)' '조본(趙本)' '진본(陳本)' 등의 판본도 있다.

법사상의 전제 조건들

사상은 시대 변화에 순응해야 한다

중국인들이 전통적으로 과거의 경험을 중시하는 것은 아마도 농본주의 사고방식에서 유래되었다고 본다. 농부들은 사계절의 변화에 맞추어 토지를 경작해야 하므로 과거의 경험은 농사를 짓는 데 훌륭한 길잡이가 되었고, 어떤 새로운 일을 하려고 할 때는 과거의 경험을 먼저 살펴보는 것이 일종의 관례였다.

그리고 이러한 심리는 알게 모르게 중국철학에도 큰 영향을 미쳤다. 공자 이래 여러 학자들은 대부분 고대 권위 있는

인물에 의탁해 자기 학설을 옹호했다. 공자는 문왕과 주공에 의탁했고, 묵자(墨子)는 공자의 설을 개선하기 위해 문왕이나 주공보다 1천 년 앞선 인물인 우임금에, 맹자는 한걸음 더 나아가 우임금보다 앞선 인물인 요·순에게, 후대의 도가들은 유가와 묵가에 대항해 자기들의 사상을 전파시키기 위해 요순보다 앞선 인물인 복희(伏羲)와 신농(神農)의 권위에 위탁하기도 했다. 이 철학자들은 각기 다른 학파였지만, 인류의 황금시대는 미래가 아니라 과거였다는 데 모두 동의하고 있었다.

한비가 비판의 대상으로 삼는 것은 주로 법치에 강력하게 반대했던 유가적 관점이다. 그는 우선 역사관을 비판하는 데서부터 출발한다. 그는 공자, 맹자뿐만 아니라 사상적으로 크게 영향 받고 있는 순자의 역사관까지도 비판, 극복하고자 한다. 유가의 역사의식은 '과거와 현재가 (이념·정신적으로) 관통한다'는 '고금일관(古今一貫)'의 정신으로 드러난다(『순자』 「비상(非相)」).

유가에 의하면 요, 순, 우, 탕(湯)과 같은 성왕은 각각 자신의 시대에 성왕이면서 동시에 혼란된 현실을 개혁하기 위한 이념적 전형(Ideal Typus)이다. 그들의 통치정신은 현실정치의 이상적, 객관적 표준이다. 그들은 유가가 주장하는 인의의 정치, 곧 덕치(王道政治)의 모범이며 그러한 정치적 이상은 과거,

현재 및 미래를 관통해 실현되어야 하는 불변의 진리이기 때문이다. 과거의 것은 단순히 과거의 것에 불과한 것이 아니라 현재화되어야만 하는 것이다.

이러한 역사관에 대해 법가는 이의를 제기하고, 시대변천의 요청을 파악해 현실적으로 대처하고자 했다. 고대인들이 보다 순박했고, 어떤 의미에서 덕이 더 많았음을 인정하긴 했지만, 법가들은 그들이 본성적으로 선했다기보다는 물질적 환경에 의한 것이라고 주장했다. 그래서 한비자는 "옛날에는 백성의 수가 적고 재산은 넉넉했으므로 백성들은 다투지 않았다. 그러나 오늘날의 백성들은 다섯 아들을 많다고 생각하지는 않지만, 그 아들이 또 다섯 아들을 갖는다면 할아버지가 세상을 떠나기 전에 벌써 스물다섯 명의 손자가 생긴다. 이리하여 백성은 많아지고 재화는 적어진다. 힘을 다해 수고롭게 일을 하여도 얻는 것은 적기 때문에 백성들이 서로 다툰다(『한비자』 「오두」)."고 확인했다.

이렇게 환경이 완전히 다르기 때문에 새로 나타난 문제는 오직 새로운 방식으로만 해결될 수 있다고 믿었다. 이 엄연한 사실을 깨닫지 못하는 자는 어리석은 자들뿐이다. 한비자는 어떤 종류의 인물을 우화로 예시해 주었다. 한비자 이전에 상앙도 이와 비슷한 말을 했다. 백성의 도덕풍속이 피폐해지면 그에 따라 법령도 바꿔야 하며, 세상사가 변함에 따라 도

의 실행도 달리해야 한다. 이 변화의 역사관은 현대인에게는 그저 평범할 뿐이다. 그러나 법가의 역사관은 고대 중국 다른 학파의 거의 모든 이론들에 대항한 혁명적인 견해였다.

여기에서 한비는 발전적 역사철학을 전개한다. 한비에 의하면, 각각의 시대는 시대적 상황을 달리할 뿐만 아니라 시대환경에 따라 시대적 요청도 다르다. 상고지세(上古之世)에서는 유소씨(有巢氏), 중고지세(中古之世)에는 우, 근고지세(近古之世)에는 탕과 무(武)가 각각 자신의 시대를 통치한 훌륭한 인물들이다. 유소씨와 우, 탕, 무 등은 자신의 시대에서 각각의 시대적 요청을 훌륭히 반영했다.

중국의 전설에 의하면 상고 시대에는 사람의 수가 동물이나 곤충의 수보다 적었으나 유소씨가 나무를 엮어 집을 만들었기 때문에 위협을 피할 수 있었다. 또 물고기나 조개의 비린내는 수인씨(燧人氏)가 나뭇가지를 비벼 불을 발견하자 해결되었다. 중고 시대에 큰 홍수가 일어나자 곤(鯀)과 우는 냇물을 끊어 물길을 잡았다. 근고 시대에는 하(夏)나라의 걸왕(桀王)과 은(殷)나라의 주왕(紂王)이 폭정을 일삼았는데, 탕왕과 무왕이 그들을 정벌했다.

그러나 한비는 "이제 하후씨(夏后氏)의 세상이 됐는데 나무로 집을 짓고 나뭇가지를 비벼 불을 만드는 자가 있다면 곤과 우의 웃음거리가 될 것이고, 은나라와 주나라 때에도

냇물을 끊어 물길을 잡는 자가 있다면 탕왕과 무왕의 웃음 거리가 될 것이며 지금도 요, 순, 우, 탕, 무왕의 도리를 찬미 하는 자가 있다면 앞으로 나올 새로운 성인의 웃음거리가 될 수밖에 없다"고 했다. 한비는 "역사는 진화하므로 문제가 발견되면 시대와 환경의 변화에 순응해 새로운 방법으로 처리해야 한다"고 보았다.

그렇다면 이러한 사실을 깨닫지 못한 자는 어떻게 될까? 한비는 전국 시대 송나라의 농부 이야기를 예로 들어 비유했다. 토끼가 달려가다 밭 가운데 있는 그루터기를 박고 목이 부러져 죽자, 농부는 쟁기를 놓고 그루터기를 지키며 다시 토끼를 얻고자 했다. 그러나 토끼는 얻을 수 없었으며 그는 송나라 사람들의 비웃음을 받고 말았다. 이것이 그 유명한 수주대토(守株待兔), 즉 '그루터기를 지켜 토끼를 기다린다'는 고사다. 한비에 의하면, 역사상의 각 시대는 질적 차이를 가지며 각각의 특수한 시대적 상황, 특수한 시대적 요청을 반영한다(「팔설(八說)」).

성인은 과거의 것을 닦지 않으며 불변의 행위(준칙)를 본받지 않는다.

－「오두」

여기에서 말하는 '성인'은 옛날의 성왕이 아니라 새로운 성인(新聖), 즉 후왕(後王)을 가리킨다. 새로운 성인은 현실에서 자신의 시대를 개혁하고자 하는 군주를 가리킨다. 옛날의 성인은 자신의 시대에서만 성왕일 뿐 지금의 성왕일 수 없다.

夫古今異俗 新古異備 世異則事異.
과거와 현재는 습속을 달리하고, 새로운 것과 옛 것은 대비함을 달리하여 시대가 다르면 일도 다르다
- 「오두」

한비는 유가적 법선왕(法先王)의 관념을 전통주의 내지 보수주의에 근거하는 것으로 간주하고, 법후왕(法後王)의 관념을 제시한다.

인간의 본성은 악하다

한비는 '인간의 본성은 악하다'는 순자의 '성악설'을 부모가 낳은 아이가 아들일 경우와 딸일 경우 대하는 행동의 차이로 설명하고 있다.

부모가 자식을 대함에 있어 남아를 출산하면 서로 축하

하고, 여아를 출산하면 죽인다. 이들은 모두 부모의 품에서 나오지만 남아는 축하받고 여아가 죽임을 당하는 것은 부모가 노후의 편안함을 고려한 것으로 장래의 이익을 계산한 것이다. 따라서 부모가 자식에게 계산하는 마음으로 서로 대하는 것이다. 하물며 부모가 자식 택하는 일이 아닌 다른 일은 어떠랴?

-「육반(六反)」

아들이나 딸이나 모두 부모의 품안에서 나왔지만, 아들을 선호하는 것은 부모 자신의 노후를 걱정한 데서 비롯된다는 것이다. 곧 한비는 인간 본성은 이해득실만을 따질 뿐 도덕성은 생각하지 않는다고 보았다. 또 사람들의 이해관계는 늘 어긋난다. 예컨대 군주와 신하가 생각하는 이익이 각기 다르며 남편과 아내, 형과 아우 사이에도 이해는 서로 엇갈리기 마련이다. 그중에서도 특히 군주와 신하는 남남이 만나 각자의 이익을 추구하는 관계이므로 군주가 신하에게 충성심만을 요구한다든지 도덕만으로 다스리는 것은 어리석은 일이다. 그래서 한비는 이들을 다스리는 유일한 방법으로 법을 제시한 것이다.

공·맹 유가의 인성론적 전제는 '성선'이다. 그것은 인간의 도덕성, 곧 사회화 가능성을 인성의 단초(실마리)에서부터 인

정하는 것이다. 이 견해에 의하면, 각 개인에게는 원초적 양심이 존재하며 이 양심이 곧 도덕적 자율성 또는 자발성의 근거가 된다. 각 개인에게 도덕적 자율성이 내재해 있다는 것은 곧 개인의 사회화 가능성을 적극적으로 긍정하는 것이지만, 유가 특히 맹자의 경우 그것은 인치(仁治), 곧 덕치(德治)를 근간으로 하는 왕도정치의 필요조건이다. 즉, 인간에 내재하는 사단(四端)은 인의예지의 가능태(可能態)로 존재하는 것으로 사회적 행위규범인 예의 실천근거다. 그러나 한비는 이러한 인성론적 낙관론을 인정하지 않는다. 유가적 낙관론은 기껏해야 '좋았던 옛날'에나 적합한 것이다.

옛날에는 장부가 경작하지 않았다. 초목의 열매가 많았기 때문이다. 부인도 베를 짜지 않았다. 금수의 가죽으로 옷을 충분히 지을 수 있었기 때문이다. 사람이 적고 재화에 여유가 있었으므로 백성들은 다투지 않았다. 따라서 도타운 상이 행해지지 않았고, 무거운 벌도 사용되지 않았다. 그래도 백성은 저절로 다스려졌다.

- 「오두」

따라서 상고의 순조로운 풍속은 저절로 그런 것일 뿐 인간의 본성이 선하기 때문은 아니다. 옛날의 풍속은 성선의

43

증거일 수 없으며 상고의 풍속이 순조롭고 아름다웠음을 본받는다고 하는 유가의 논점은 정당화될 수 없다. 오히려 현실은 옛날과는 정반대의 현상을 보여준다.

> (지금의) 백성은 많고 재화는 적다. 힘써 일해도 공양함이 부족하다. 따라서 백성들은 서로 싸울 뿐이다. 상을 배로 주고 벌을 엄하게 하여도 혼란스러움을 면할 수 없다. …… 그러므로 옛날에 재화를 쉽게 얻었던 것은 (사람들이) 어질었기 때문이 아니라 재화가 풍부했기 때문이다. 지금의 쟁탈은 (사람들의) 비루함이 아니라 재화가 적기 때문이다.
>
> — 「오두」

상고의 순조로운 풍속이 인간 본성의 선함에 대한 증거일 수 없다. 이에 대해 한비는 인간 본성이 악하다는 입장을 취한다. 인간의 본성은 악하다. 덕치로써 백성을 감화하는 것은 '잘라 넘어진 기둥을 보면서 토끼가 부딪히기를 기다리는' 일이다. 현명한 군주는 상벌의 효용을 믿을 뿐 저절로 선한 백성을 기다리지 않는다.

법은 인간의 악한 본성 때문에 현실적으로 반사회적인 인간을 다스리기 위해 필요하다. 이것은 저절로 곧은 나무를

기다리지 않고 비틀어져 있는 나무를 반듯하게 하여 화살을 만드는 장인의 일(隱括之道 - 「오두」)과 같다. 이상의 논증을 통해 한비는 성선을 비판하고 덕치를 부정한다.

이상과 같은 한비의 견해는 성악설을 근거로 하여 예치(禮治)를 주장한 순자의 영향을 받은 것이며, 간접적으로는 교상리(交相利)를 주장한 묵자의 공리주의적 사상에 영향 받은 것이다. 한비는 인간의 이러한 악한 본성을 변화시켜 선하게 만들어야 한다는 점에 있어서는 순자와 의견을 같이했다. 그러나 방법론에 있어서는 차이를 보였다. 순자가 그 수단으로 인위적인 교화, 곧 '예'에 역점을 두었던 데 반해 한비는 상과 벌을 수단으로 사용했다. 여기에서 상과 벌은 한비의 표현에 의하면 '두 개의 칼자루(二柄)'다. 한비는 다음과 같은 비유를 들었다.

저절로 곧은 화살대를 찾는다면 100년이 지나도 화살을 갖지 못할 것이다. 저절로 둥근 나무를 믿는다면 천년이 지나도 바퀴를 얻지 못할 것이다. 저절로 곧은 화살대와 저절로 둥글어지는 나무는 백 년이 지나도 결코 없을 것이다. 그러나 세상 사람들이 모두 수레를 타고 날짐승을 쏘는 것은 무엇 때문인가? 곧게 펴는 방법을 사용했기 때문이다. 구부러진 나무를 곧게 펴는 방법을 쓰지 않고 저절로 곧아

45

지는 화살대와 저절로 둥글어지는 나무가 있더라도 훌륭
한 장인은 이를 귀하게 여기지 않는다.

　　　　　　　　　　　　　　　　　　　　　　　－「현학」

　한비는 당시의 혼란한 시대적 상황에서 유가들이 내세우
는 주장은 군주의 지위를 낮추고 나라를 위태롭게 하는 것
에 지나지 않는다고 보았다. 한비는 순자와 달리 예치가 아닌
법치를 주장한다. 한비의 입장에서 보면, 순자의 예 관념에는
상고주의(尙古主義)적 의미가 내포되어 있다. 순자는 사회적
행위규범인 예가 고금을 통해 일관된 것임을 인정한다. 이러
한 예 관념은 시대 간의 질적 차이를 인정하는 한비의 입장
에서는 받아들일 수 없는 것이었다. 한비의 법은 시대를 관통
하는 것이 아니라 각 시대마다 그 내용을 달리하는 것이다.
　한비나 기타 법가들은 이처럼 현실적인 인간의 성품을 있
는 그대로 파악했다. 현실적 인간은 도덕적으로 교화될 수
있다는 생각에서가 아니라 인간의 성품은 악하다는 전제 아
래 법가의 통치방법을 구상했기 때문에 법가의 통치방법은
실용적이다. 한비는 유가 비판을 통해 법치의 필연성을 논하
지만, 다른 한편으로 인간의 본성이 악함을 논증함으로써 법
치를 정당화하고자 했다. 결국 한비에게 성악설은 법치의 기
본 전제조건이자 필요조건이었다.

한비의 법치주의적 통합

법과 술, 세

법가란 형명법술(刑名法術)의 학으로서 부국강병을 목적으로 하는 전국시대 말인 기원전 4~3세기 제자백가의 한 파로 정의된다. 법가에 속하는 인물에는 이리(李悝), 신도(愼到), 시교(尸佼), 신불해, 상앙, 한비, 이사 등이 있다. 이들 중 상당수의 인물은 실재 여부가 분명치 않거나 그 저서가 현존한다 해도 위작 가능성이 많은 까닭에 구체적으로 밝혀지는 사상 내용이 불확실하다. 이들 대다수는 전국시대 인물들이며 관중(管仲) 정도가 춘추시대 초기의 법가적 선구자로 꼽힌다.

법가의 최후인 동시에 최고의 이론가인 한비 이전의 법가에는 맹자와 동시대 인물인 신도가 주도하는 학파로 군주의 세(勢)가 통치의 가장 중요한 요소라고 주장하는 중세파(重勢派), 신불해 주도의 학파로 술(術)이 가장 중요한 요소라고 주장하는 중술파(重術派), 상앙 주도의 학파로 법(法)을 강조하는 중법파(重法派) 이렇게 세 개의 파가 있었다.

　　한비는 전국기의 냉엄한 국제정세 하에서 다른 나라에 침략당하지 않으려면 무엇보다 먼저 부국강병 해야 한다고 주장했다. 그러기 위해서는 군주가 강력한 권력을 직접 관장해야 한다고 강조했다. 그에 따르면 빈틈없는 권력체계를 정비하는 길만이 통치의 요체다. 한비는 체계적인 통치공학의 방법을 법·술·세로 설명했다. 그는 법가 이론의 선구 정치사상가인 상앙의 '법'과 신불해의 '술', 신도의 '세' 논리를 계승해 새로운 체계로 집대성했다.

　　한나라 초의 사마담(司馬談)이 전국시대의 철학자들을 육가로 분류했을 때, 그는 현실적 치국책의 사부들을 '법가'라는 명칭 아래 통합했다. 현재 통용되고 있는 영어 명칭 'Legalists'는 이 용어를 번역한 것이다. 한대의 서지학에서 심지어 도가로 분류될 정도로 매우 이질적인 『관자(管子)』는 물론 모든 서적들은 법가로 알려지게 되었다.

　　그러나 이들 모두에게 법은 결코 중심개념이 아니다. 한비

는 상군의 사상이 법을, 신불해의 사상이 술을 중심으로 한다고 여기는데, 후자는 관료들을 통제하는 기술로서 『상군서』와 신불해의 잔존 저작에 의해 부각되었다. 법을 강조하건, 술을 강조하건, 세를 강조하건 이들의 공통점은 좋은 정치는 유가와 묵가의 생각과 달리 건전한 제도의 기능에 근거한다는 데 확신을 가졌다는 것이다.

'법'은 넓은 의미에서의 사회·정치적 제도, 곧 법을 말하고, '술'은 신하, 백성들로 하여금 법을 시행케 하고 준수하게 하는 군주의 통치기술 또는 방법을 의미한다. 법, 술과 관련하여 떼놓을 수 없는 것이 '세'다.

> 현인이면서도 불초한 자에게 굽히는 것은 권력이 가볍고 위계가 낮기 때문이다. 불초한 자이면서 현인을 복종케 하는 것은 위계가 높고 권력이 무겁기 때문이다. …… 우리는 이로써 세와 위(位)가 믿을만한 것이고, 슬기로움과 지혜로움이 공경할만한 것이 못됨을 알 수 있다.
>
> — 「난세」

법이 일체의 '제도'를, 술이 '통치기술'을 의미하는 것이라면 세는 법을 시행할 수 있는 권력기반 그 자체, 즉 '통치권'을 의미한다. 술의 구체적 표현은 '상과 벌'이라는 두 권한이

다. 이병(二柄)은 곧 군주통치권의 표현이다.

한비는 신불해와 상앙의 이론을 음식과 의복처럼 상호 보완적인 것으로 이해한다. 상앙의 법은 사회 전체를 통제하는 정치계획을 제공했다. 신불해의 술은 개명된 군주의 정치계획을 시행하는 체제를 제공했다. 상앙이 적절한 관료 제도적 체제의 원리를 소홀히 했기 때문에 국가 속에 존재하는 여러 권력 요소들이 각자의 권력 기반을 유지할 수 있었으며, 심지어 자신들의 권력을 증대시키기 위해 상앙의 개혁 프로그램을 사용할 수도 있었다. 상앙 자신의 비극적인 죽음은 관료 통제의 문제를 결정적으로 간과한 데서 유래한다. 반대로 신불해는 개혁에 관한 통일계획 마련에 실패했으며, 심지어 국가의 법률적인 구조마저도 통합시키지 못했다. 한비는 법가의 궁극적인 토대를 보다 심층적인 차원에서 추구했던 것으로 보인다.

법

법술의 '법'이란 법령(法令)을 말한다. 법은 문서화하여 관청에 놓고, 백성에게 게시하는 것이다. 기준으로서의 법이 철저하면 국가라는 기구가 완비된다. 군주는 기구의 정점에서 그 운영만 맡으면 된다. 법의 응용만 알고 있으면 아무리 평범한 군주도 훌륭하게 통치할 수 있다.

'법'자의 원형은 전(灋)으로 '록(鹿), 거(去), 수(水)'의 세 자가 합성된 회의문자다. 이는 신판에서 패소한 자가 파기된 약속과 패소의 대가로 부담하는 신령스러운 양(鹿)을 물에 던지는 고대 서약의식을 의미한다. 법은 이 글자에서 록(鹿)을 생략한 것(『설문』)으로, 곧 약속을 어긴 자가 받아야 하는 고대 형벌에서 유래한다. 이와 같은 법의 의미는 후에 발전되어 형벌의 법, 법제 또는 법식, 규범 또는 법칙을 의미하는 일체 제도의 총칭으로 사용된다. 법이 예와 아울러 사용될 때는 일체의 사회·정치 제도를 의미한다.

한비는 군주 일인에게 막강한 권력을 부여하는 법치를 강조했다. 그것은 백성을 압박해 그들로 하여금 군주의 자의에 맹종하도록 하기 위한 것은 아니다. 그것은 '국리민복(國利民福)의 증진'이라는 목적을 지향한다. 법·술·세의 목적은 '어리석은 백성을 이롭게 하고 서민을 편안케 하는(利民萌便衆庶 - 「문전」)' 것이다. 여기서 '어리석다'고 하는 이유는 한비의 성악설적 관점에 근거한다.

한비는 법을 제정할 때 몇 가지 원칙을 고려해야 한다고 제시했다. 첫째, 공리성(功利性)이 있어야 한다. 둘째, 시세(時勢)의 요구에 부응해야 한다. 셋째, 통일성이 있어야 한다. 넷째, 인간의 기본적인 본성과 감정에 들어맞아야 한다. 다섯째, 분명하고 명확해야 한다. 여섯째, 상은 두텁게 하고 벌은

엄중하게 해야 한다. 한비는 통치권과 상벌권은 군주가 쥐고 있어야 한다고 생각했으므로 법의 권위를 세우는 것 또한 군주의 고유 권한이라고 보았다.

형서(刑書)나 형정(刑鼎)과 같은 수단을 사용해 대중에게 법령을 선포해야 한다는 것은 법의 공개성 원칙에 관한 것이다. 대중에 공개되지 않은 법은 법으로 존립할 수 없다. 상앙이 진의 재상으로 있을 때 원칙에 의거해 심지어 태자조차도 죄를 범했을 때 살려주는 것을 반대했다. 하지만 실제로는 그를 처벌하지 않으면서 어떻게 예외적 경우의 불허를 합리화시킬 것인가의 문제를 고민해 태자의 스승 둘을 대신 처벌함으로써 해결했다고 전해진다. 그가 지었다고 전해지는 『상군서』는 「상형(賞刑)」편을 통해 그의 예외 없는 법칙을 우리에게 확인시켜준다.

새로운 정세에 대처하기 위해 법가들은 새로운 통치방법을 제시하고 이를 확신했다. 그들은 우선 법을 확립하는 일을 급선무로 보았다. 한비는 다음과 같이 말한다.

법이란 널리 펴 알리는 문서로서 관부에 설치되어 백성에게 공포되는 것이다. 이 법을 통해 백성들은 해야 할 일과 해서는 안 될 일을 알게 된다. 일단 법이 공포되면 군주는 백성의 행동을 예리하게 주시해야 한다. 군주는 세를 갖

고 있으므로 법을 어기는 자는 벌을 주고, 잘 준수하는 자에게는 상을 준다. 그렇게 하여 군주는 백성이 아무리 많아도 잘 다스릴 수 있다.

한비는 주관적, 사적인 '덕'을 배제하고 객관성을 갖는 '법'으로 통치할 것을 강조한다. 그에 의하면, 공정한 법의 시행을 통해서만 통치의 객관성이 확보될 수 있다. 정치사상사적인 면에서 본다면, 이러한 한비의 견해는 개인의 도덕을 정치의 영역에서 배제했다는 의미를 갖는다.

한비는 유가의 정치이념인 덕치와 같은 왕도정치의 이상을 군주 한 개인의 주관적 판단에 의한 통치, 즉 인치(人治) 또는 심치(心治)에 불과한 것으로 간주한다. 이 점은 신도와 같은 다른 법가 사상가들에게서도 확인되고 있다.

君舍法 以心裁輕重 則同功殊賞 同殊罰矣. 怨之所由生也.
군주가 법을 버리면 마음으로 무겁고 가볍고를 헤아린다. 그렇게 되면 같은 공인데도 상을 달리 주고, 같은 죄인데도 벌을 달리 주게 된다. 이것이 원망이 생기는 원인이다.
　　　　　　　　　　　　　　　　　　－『신자(愼子)』

이처럼 법가는 법의 객관성을 중시한다. 여기에서 법의 객

관성이란 법 시행상의 객관성을 뜻한다. 한비에게 '법에 합당한 행위냐 아니냐' 하는 것은 곧 행위에 대한 평가의 기준이된다. 그렇다면 한비가 말하는 법의 구체적인 의미는 무엇일까? 한비의 법 개념은 법의 원래 의미와 일치하는 것으로 보인다.

술

한비가 말하는 '술'이란 임무에 따라 벼슬을 주고 명목에따라 실적을 따지며, 군주가 신하들을 다스리는 통치수단이다. 그가 말하는 '술'은 '법'과는 달리 성문화될 수 없는 것이고, 신하와 백성의 행동준칙도 아니므로 군주 혼자 독점해야하는 수단이다. 그래서 『한비자』에는 군주는 신하들에게 속마음을 내보여서는 안 된다는 '무위술(無爲術)', 신하들의 이론적인 주장과 행동이 부합되는지를 따져야 한다는 '형명술(形名術)', 남의 말만 듣지 말고 사실을 잘 검토해야한다는 '참오술(參伍術)', 신하들이나 남의 말을 듣는 방법을 논하는 '청언술(廳言術)', 사람을 등용하는 방법을 논한 '용인술(用人術)' 등 '술'에 관한 내용들이 있다. 특히 무위술은 한비의 고향 한나라에서 등용된 신불해가 주장했던 군주의 통치술이었다.

한비에서 '술'은 보다 구체적으로 법술(法術)의 의미로 사용되며 "술이란 (군주가 신하에게) 임무에 따라 관직을 주고 명

분(名)에 따라 실질(實)을 책임 지우며, 생살권을 가지고 여러 신하의 능한 바에 (임무를) 부여하는 것이다. 이것은 군주가 갖는 것이다. 법이란 헌령이 관부에서 나오고 벌이 간특한 자에게 가해지는 것이다. 이는 신하가 스승으로 삼는 바이다 (『정법』)"라고 하여 '통치방법'을 뜻한다.

군주가 나라 안의 모든 일을 살펴 준비를 갖추고 나서 신하에게 일을 맡긴다. 그에 앞서 엄격한 근무 평정의 기준을 세우는 것이 중요하다. 즉, 신하에게 먼저 계획을 제출하게 하여 거기에 기초해 일을 맡기는 것이고, 나중에 그 일의 결과가 앞서 제출했던 계획과 완전히 일치하면 상을 주고, 일치하지 않으면 설사 결과가 계획을 상회하는 경우라도 벌한다는 것이다. 이상이 한비가 설파하는 술, 즉 신하를 다루는 법의 요점이다. 한비는 군주가 이러한 '법술'을 채용하는 것이 부국강병을 위한 유일한 길이라고 주장한다. 그리고 이 법술은 필연적으로 한비자의 독특한 이론인 '형명참동(刑名參同)'의 이론과 연결된다.

한비가 유가에서 수용하는 관념은 정명관념(正名觀念)이다. 유가적 정명의 원형은 "군주는 군주다워야 하고, 신하는 신하다워야 하며, 어버이는 어버이다워야 하고, 자식은 자식다워야 한다(君君, 臣臣, 父父, 子子. - 『논어』「안연(顔淵)」)."는 공자의 발언이다. 공자의 입론은 한 국가 또는 사회가 정상적으

로 작동하기 위해서는 각 개인이 가진 직책뿐만 아니라 저마다 자신의 직책을 올바로 수행했을 때 그 체제가 잘 가동할 수 있음을 전제한다. 예를 들면, 왕은 왕 노릇을 잘 해야 하고, 신하는 신하 노릇을 잘 해야 하며. 그것이 혼란된 사회를 정비할 수 있는 유일한 길로 생각한다. 그런데 여기에 가해지고 있는 것은 도덕적 규정이다. 곧 각 구성원이 가진 직책은 이름(名)이고, 그 직책에 합당한 임무 수행은 곧 실질(實)이다.

유가적 정명론은 한비의 법사상에서 형명론(刑名論)으로 대체된다. 어떤 중국 고대 철학가는 춘추전국시대의 대다수 학파들은 공자가 제시한 이와 같은 명과 실의 일치를 도모하는 정명론에서 출발해 이 이론을 자기 학파의 것으로 삼고, 철학적 관점에서 명과 실의 일치를 목표 삼고 있다고 주장하기도 한다.

한비는 객관적 기준에 맞추어 상벌을 운영해야만 비로소 효과를 거둘 수 있다는 '형명참동'의 논리를 폈다. 여기서 '형'은 '형(形)'자로도 통하는데, 바꾸어 말해 군주에게 제출한 신하의 업무계획이 '명'이라면, 실제로 해낸 고과표가 '형'이다. 한비에게 명과 실은 각각 '명'과 '형'으로 대체되고, '이름'은 말(言)을, '형'은 일(事)을 의미한다.

임금이 장차 간사함을 금하고자 한다면 형과 명이 합치

하는가를 세밀히 살펴야 한다. 그것은 곧 일(事)과 말(言)
이다. 신하가 진언함에 임금은 그 말로써 맡기고, 오로지
그 일로써 공을 책임 지운다. 이룬 공이 그 일에 합당하고
일이 그 말에 합당하면 상을 주고, 이룬 공이 그 일에 합당
하지 못하고 일이 그 말에 합당하지 못하면 벌을 준다.

ㅡ「이병」

　정명이란 '이름에 따라 사실을 따지는 것(『한비자』「정법」)'을
뜻한다. 법가들이 말하는 '사실'이란 관직을 맡은 인물을 뜻
하며 '이름'이란 관직의 이름을 가리킨다. 관직의 이름을 보
면 관직을 맡고 있는 사람이 무슨 일을 해야 할 지 알 수 있
다. 그러므로 '이름에 따라 사실을 따지는 것'이란 어떤 관직
을 맡고 있는 인물이 그 직위에서 마땅히 해야 할 일을 완수
할 책임을 지고 있음을 뜻한다.

　군주의 임무는 어느 한 인물에게 어느 한 이름을 부여해
주는 것인데, 다시 말해 어느 한 인물에게 어느 한 관직을 수
여하는 일이다. 이 관직에 알맞은 여러 가지 기능은 이미 법
에 의해 규정되었고 관직명에 나타나 있다. 그러므로 군주는
어떤 일이 순조롭게 잘 진행되는 한, 그 일을 진행하는 데 쓰
인 방법에 대해 생각할 필요가 없다. 일이 잘 진행되면 공로
자에게 상을 주고 그렇지 않으면 벌을 주면 된다. 그것이 전

부다. 이러한 과정을 겪은 후 군주가 상벌을 엄격히 시행하면 무능력자는 관직을 준다고 하더라도 감히 그 직책을 맡으려 하지 않는다. 그리하여 모든 무능력자가 제거되고, 능력 있는 자들만이 관직에 남아 있게 된다.

그러나 문제는 여전히 남아 있다. '실'이 그 이름에 정말로 부합하는지의 여부를 군주가 어떻게 알 수 있을까? 법가들의 답변은 다음과 같다. 군주가 의심이 나면 그 결과에 대해 자신이 직접 시험해 보면 된다. 예컨대 자신이 만든 요리가 정말로 좋은 요리인지 확신할 수 없으면 그 요리를 맛봄으로써 문제는 해결된다. 그러나 군주는 언제나 스스로 그 결과를 판단할 필요는 없다. 군주는 남을 시켜 판단할 수 있다. 그렇게 되면 엄격히 그 이름에 상응하는 책임을 지고 판단을 내릴 수 있다. 법가에 의하면 그들의 통치방법은 극히 간단하다. 군주가 다만 상벌의 권위만 쥐고 있으면 '아무 것도 하지 않고(無爲)' 다스릴 수 있다. 그러면 실행되지 않는 것은 아무 것도 없게 된다.

정치기술이란 측면에서 한비는 군주가 자기 마음대로 신하를 부릴 수 있는 두 가지 조율수단, 즉 '이병'을 창출해 냈다. 하나는 '상(賞)'이고, 다른 하나는 '벌(罰)'로 이른바 '신상(信賞)' '필벌(必罰)'을 표방하는 것이다. 이는 한비가 "사람은 누구나 이득을 좋아하고 해악을 싫어하게 마련이다"라고 지

적한 인간 본래의 정서에 바탕을 둔 것이다. 이러한 이론은 일종의 자연주의적 윤리설에 가깝다.

한비는 상벌 집행권을 군주 스스로 직접 행사해야 하며 다른 사람에게 맡기거나 넘겨주면 안 된다고 경고했다. "호랑이가 다른 짐승들을 제압할 수 있는 까닭은 어금니와 날카로운 발톱을 갖고 있기 때문이다. 만일 호랑이에게서 어금니와 발톱을 모두 뽑아 버린다면 개도 호랑이를 무서워하지 않을 것이다." 그러한 상벌은 한비가 말하는 '권력의 두 칼자루'다.

> 임금은 그 명을 가지고, 신하는 그 형을 본받는다. 형과
> 명이 일치할 때 위와 아래가 조화를 이룬다.
>
> —「양권」

법의 시행은 형과 명이 일치하는 데서 그 목적을 달성한다. 법을 시행하는 자, 따르는 자는 모두 형과 명의 일치를 위해 노력해야 한다. 법치에 있어 개인에 대한 평가는 형과 명의 일치 여부에 의한다. 형명이 일치하면 합법이지만, 일치하지 않으면 합법이 아니다. 법가에 있어 합법과 비합법은 곧 개인 행위에 대한 도덕적 평가의 기준이다.

세

우리는 한비의 법가적 종합 속에서 한비가 상앙과 신불해가 간과했다고 주장하는 제삼의 요소, 즉 신도가 주장하는 '세'의 원리를 발견한다. '세'는 군주가 '법'과 '술'을 행사할 수 있도록 해주는 힘, 즉 권력기반이라 할 수 있다. 이는 개인의 능력에 의한 것이 아니라 정치적 지위가 결정짓는 권위를 말한다. 신도는 성스럽거나 어진 군주 개인의 능력에 기대를 거는 유가에 반대해 군주의 지위에 걸맞은 권세의 중요성을 말한 바 있다. 그의 경우는 도가적인 자연사상의 성격이 짙지만, 한비는 이를 전환시켜 인위적으로 조성한 권세를 법률주의 중심에 정착시킨 것이다.

전체의 제도는 최종적으로 군주의 권위에 달려 있다. 신도는 권위의 최종적인 근거가 강제에 있지 않다는 사실을 인식하고 있었다. 오히려 강제력은 위세의 수락으로부터 나온다. 다수의 백성들로 하여금 어떻게 유일한 존재인 군주의 명령을 받아들이도록 만드느냐 하는 것은 궁극적으로 권위의 신비에서 나온다. '세'가 없다면 군주는 전체 사회 질서를 유지시키는 모든 비인격적인 법률과 통제적 장치의 궁극적인 원천이 될 수 없다. 이 제도의 실행을 최종적으로 가능하게 만드는 것은 군주라는 인물을 둘러싸고 있는 권위의 후광이다.

신도는 권위의 원천이 반드시 개인적인 군주여야만 한다

고 주장한다. 권위의 참된 원천은 왕 자체에 있는 것이 아니라 왕의 위력(威)에 있다. 카리스마적인 권위의 거부는 그 이론이 상당히 정연하다.

만일 어떤 사람이 그의 덕이나 지혜, 천명으로 군주의 사악함과 무능함의 정도와 관계없이 그를 전복시킬 '권리'가 있다고 군주에게 주장한다면 권위의 추상적인 위세는 침해당한 것이다. "탕왕과 무왕은 스스로 자신들을 의롭다 생각하고 자신들의 군주를 시해했다." 한비자는 왕조가 망하고 군주들이 쫓겨난 이러한 사건들이 그들의 무능과 관계가 있음을 잘 알고 있었다. 그는 시간이 흐름에 따라 새로운 왕조들과 군주들이 권위의 상징적 지원을 획득하게 된다는 점 또한 잘 알고 있었다. 이는 개탄스러운 유자들의 개인적인 도덕적 주체에 대한 사적인 강조를 반영한 것이다.

법이나 술과 마찬가지로, '세'는 궁극적으로 도 자체에 근거를 갖고 있는 (비록 인격을 통해 작용하지만) 비인격적인 힘이다. 법과 술의 비인격적 장치들을 통해 군주가 사회를 통치하는 사회, 완전히 성취된 법가의 이상향 속에서 군주 자신의 인격은 별로 관심의 대상이 되지 못한다.

군주의 위상

종법사회는 두 가지 규범, 즉 군자는 예의에 의해, 소인은 형벌에 의해 통치됐다. 그런데 유가는 귀족뿐만 아니라 서민도 형벌이 아닌 예의에 의해 다스려져야 된다고 하여 백성들에게 보다 고차적인 행위를 요구했다. 이러한 의미에서 유가는 혁신적이었다. 법가의 사상에도 계급의 구분은 없다. 법과 군주 앞에서는 만인이 평등했다. 서민을 보다 고차적 행위의 수준으로 끌어올리는 대신 법가들은 예의를 폐지하고, (상앙의 경우에서 본 것처럼) 모든 사람들에게 똑같이 적용되는 상벌에만 의존함으로써 귀족의 지위를 끌어내렸다.

용이 구름이나 안개의 도움 없이는 승천할 수 없는 것과 마찬가지로 성인이나 현자는 위세가 없이는 아무 일도 할 수 없다. 그러나 사악하고 무능한 군주들은 세상을 혼란에 빠지게 하고 자신들의 권위를 파괴하기 위해 그 위세를 사용할 수 있다. 탁월한 덕성을 소유한 왕과 특이한 사악성을 소유한 왕은 분명 천년에 한 번 나타난다. 정상적인 사태의 경우에는 무능한 군주가 통치를 한다고 해도 그 위세의 무게는 질서를 유지시키기에 충분하다. 해와 달이 비치고, 사계절이 운행되고, 구름이 퍼지고 바람이 불듯 군주는 꾀로 마음을 묶거나 사심으로 자신을 얽매지 않는다. 그래서 다음과 같이

군주가 지켜야 할 점을 언명한다.

　군주에게는 지켜야 할 세 가지 일이 있다. 세 가지 지켜야 할 일이 완전하게 지켜지면 나라가 안정되고 그 자신도 빛날 것이며, 세 가지 지켜야 할 일이 완전히 지켜지지 못하면 나라가 불안하고 그 자신도 위태로울 것이다. 무엇을 가리켜 지켜야 할 세 가지 일이라고 하는가?

　첫째, 신하들 가운데 요직에 있는 자의 실수나 정사를 맡은 자의 허물, 명성 있는 신하의 속사정에 대해 논의하는 경우가 있다. 군주가 그것을 마음속에 담아두지 않고 측근이나 총애하는 사람에게 흘린다면 신하들 가운데 의견을 말하고 싶은 이로 하여금 감히 아래로 측근이나 총애하는 사람의 마음에 들게 하지 않고서는 위로 군주에게 들려줄 수 없게 될 것이다. 그렇다면 바른 말을 직접 말하는 사람은 군주를 만나볼 수 없으며, 성실하고 정직한 사람은 날로 멀어지게 될 것이다.

　둘째, 군주가 마음에 드는 사람을 독단으로 이득 주지 못하고 좌우의 칭찬을 기다린 뒤 이득을 주며, 미워하는 사람을 독단으로 해치지 못하고 좌우의 비난을 기다린 뒤 해치게 되면 군주의 위엄은 사라지고 권력이 좌우 측근에게 있게 될 것이다.

셋째, 군주 자신이 직접 다스리는 노고가 싫어 신하로 하여금 정사를 맡는 쪽으로 모여들게 한다면 그 때문에 상벌의 권병과 군주의 위엄이 아래로 옮겨가 살생의 기미와 주고받게 되는 요체가 중신들의 수중에 있게 된다. 그렇게 되면 군주는 중신들에게 침해당하고 말 것이다.

이를 가리켜 세 가지 지켜야 할 일이 완전하지 못하다고 한다. 세 가지 지켜야 할 일이 완전하지 못하면 군주가 협박 받거나 살해당하는 징후가 된다.

– 「삼수(三守)」

통치는 법술에 의거하고 상벌을 통해 시비가 가려지도록 하며 저울에 무겁고 가벼움을 달아본다.

– 『한비자』 「대체(大體)」

군주는 마땅히 그래야 한다. 군주가 어떤 한 가지 일에 대해 생각하면 자연히 생각해 내지 못하는 일도 있기 때문이다. 그런데 군주의 직능은 자기 통치 아래의 '모든' 일을 다 생각해야 하기 때문에 군주 혼자 스스로 생각하고 말하고 행위 하는 것이 아니라, 남이 그렇게 하도록 명령을 내리는 것이 해결책이 된다. 바꾸어 말하면 군주는 국가를 통치하는 기구를 가졌기 때문에 아무 일을 하지 않아도 되지 않는 일

이 없다. 이것이 바로 '무위이무불위(無爲而無不爲)'이다. 이 무위에 관해 신불해는 다음과 같이 말했다.

군주의 총명이 드러나면 사람들은 대비하고, 총명치 못함이 드러나면 사람들은 속이려 한다. 그가 아는 것처럼 보이면 사람들은 꾸미고, 알지 못한다고 보이면 사람들은 숨기려 한다. 그가 욕심이 없다고 알려지면 사람들은 살펴보고, 그가 욕심이 있다고 알려지면 사람들은 이용하려 한다. 그러므로 이르기를 "나는 밖에서 알지 못하게 하고, 오직 무위(無爲)함으로써 살펴볼 수 있다"고 한다.

— 「외저설(外儲說) 우상(右上)」

제 아무리 도가적인 수사학에 의해 매료된 왕이라 하더라도 그가 경기에 참여하지 않고, '아무 것도 하지 않음'으로써 자신의 완전한 중립성을 유지하며, 편견의 원인인 모든 성향이나 기획과 업적의 비교에 끼어들 수 있는 지식을 '비우고' '고요하게' 남아 있는 심판자가 되는 것을 환영하리하고 기대할 수는 없다. 사실 관료들이 행사하는 전문적 지식에 의해 압도되거나 좌절되지 않는다면 왕이 이러한 상태로 축소되는 것은 거의 불가능하다. 한편 관료들은 완벽한 통치에 관한 자신들의 이상을 달성하는데, 이 속에서 그들의 승진과

강등은 위로부터의 임의적이거나 편파적인 결정들로부터 차단될 수 있다.

국가주의 입장에서 도덕주의를 타파하다

법이 등장하던 시대는 소규모의 단순한 국가조직에서 대규모의 복잡한 국가체제로 전환이 이루어지는 때였다. 이에 따라 종래의 가부장적 국가 관념은 새로운 국가 관념으로 대체될 것이 요청되었다. 법가의 사상체계는 이러한 요청에 부응해 종래의 유가적 통치관을 비판하고, 객관적 법에 의한 새로운 통치관을 주장함으로써 성립된다.

법가에 의하면, 인치 또는 덕치를 근간으로 하는 성왕 중심의 유가적 통치는 사회의 변화에 대응하지 못하는 비효율적인 것이다. 또 사회윤리적 측면에서 가부장적 종법 질서의 유지를 위한 전통 도덕은 사회 변화에 대처하기 어려운 것으

로 간주되었다. 이러한 상황에서 상앙과 같은 인물들은 법가적 통치관을 현실에 실제 적용하고자 했지만, 현실적으로 이들이 시행한 변법에 기초한 부국강병책은 상당한 공격을 받았다.

여기에서 한비는 법치를 비판하는 논점들을 철저히 논파하고자 한다. 「현학」편은 이러한 비판적 관점을 보여주는 대표적인 글이다. 한비는 「현학」편에서 당시의 지배적인 사상을 유가와 묵가로 간주하고, 각각의 주장을 비판한다.

묵가에 대한 비판은 주로 그들의 종교적 견해에 관한 것이다. 한비에 의하면, 묵자가 천지(天志), 명귀(明鬼)와 같은 인격적 존재를 숭상하는 것은 일종의 종교적 권위주의를 보여주는 것으로, 그들이 그와 같은 귀신을 숭상하는 것은 어리석은 것이 아니면 혹세무민하는 것이다. 그러나 철두철미 이타주의적인 겸애(兼愛)에 입각해 백성의 이익을 도모해야 한다는 묵가의 주장에 대해서는 비판하는 것 같지 않다. 겸애란 유가적인 인의 관념과 달리 이타주의적 사랑에 기초한다. 국가의 이익을 중시한다는 점에서 한비도 묵가와 유사하게 공리주의적 경향을 보여주기 때문이다.

법가가 주장하는 기본관념은 '법치'다. 법치는 정통 유자를 자처하는 학자들로부터 강한 비판을 받고 이단시되는 경향을 보여 왔다. 이러한 경향은 한비의 경우에도 예외는 아

니다. 이처럼 법치관념을 이단시하는 경향은 사마천의 『사기』 이후 성립된 중국적 전통이다. 사마천 이후 대다수의 유학자들이 법치를 비판해 왔고, 다른 한편으로 북송의 정이(程頤, 정이천) 및 남송의 주희(朱熹)에 이르면 이러한 평가에 또 다른 비판이 덧붙여진다. 정이에 의하면, 노자 사상은 도와 덕을 말하지만 권모술수를 뒤섞은 것으로 신한(申韓, 신불해와 한비)의 법가는 곧 그 유파의 폐단이라는 것이다(老子語道德而雜權詐本末舛矣. 申韓蘇張皆其流之幣也. -『性理大典』卷之五十七 「諸子」老子條). 주희 역시 한비가 노자의 천하를 경시하는 태도를 이어받아 '잔인(殘忍)'하게 되었다고 비판한다(같은 책, 申韓條). 이처럼 정·주는 노자와 법가를 동일한 사상계열로 파악하고, '권모술수와 허위(權詐)' 및 '잔인'이라는 관점에서 비판한다.

나아가 주자는 한비의 사상을 공리지학(功利之學) 또는 사공지학(事功之學)이라 하여 철저히 배척한다. 이익을 중시하는 경향에 대한 비판은 맹자적 전통을 고수하는 정·주의 독특한 의리관념에 근거한다. 주자는 법가에 대해 공리를 중시한다고 비판하고 있을 뿐 아니라 남송 당시 현실적 급무의 해결을 강조했던 진량(陳亮)의 영강학파(永康學派), 엽적(葉適)의 영가학파(永嘉學派)에 대해서도 동일한 입장을 취한다.

그렇다면 과연 사마천이나 정·주 등의 평가와 비판은 얼

마나 정당한 것일까? 일견 이들의 법가에 대한 평가와 비판은 사상에 대한 공정한 평가라기보다는 법의 시행이 사람의 정서와 감정에 해롭다는 선입견에서 나온 것으로 보인다. 이러한 비판은 법치사상에 대한 지나친 과소평가이며, 법치의 근본정신에 대한 오해로부터 발생한 것으로 보인다. 법가의 법치에 대한 전통적 오해는 법의 시행과정에서 나타날 수 있는 법의 외면적 결과만을 고려한 데서 연유한다. 법의 참된 정신은 이러한 일면적 이해에 의해 왜곡되었다. 유자의 입장에서 보면 법치는 각 개인의 도덕성(仁)을 전제하는 덕치에 위배된다. 법의 강제적 성격은 인간의 선한 본성(人心)에 위배되는 것이므로 잔인한 것이다.

이러한 한비의 관점은 유가의 도덕정치를 비판하는 데서 분명하게 드러난다. 덕치에 대한 한비의 비판은 개인도덕(집안 중심의 윤리)과 국가이익 간의 갈등 관계에서 출발한다. 한비는 다음과 같은 고사들을 들어 논의를 전개한다.

첫째, 초나라의 직궁(直躬)이란 자는 자기 아버지가 양을 훔친 사실을 관리에게 고발했으나 도리어 처형당했다. 이유는 그 행위가 부모에 대해 패륜이라는 것이었다. 둘째, 노나라 사람 중에 왕을 따라 전쟁에 나가서 세 번 싸워 세 번 패한 자가 있었다. 그 이유인즉 자신이 죽으면 일흔이 된 노모를 봉양할 사람이 없기 때문이라는 것이었다. 공자는 그를

효자라 하여 추천하고, 오히려 벼슬을 올려 주었다. 그러나 각각의 결과를 보면 초나라에서는 간사한 행위가 위에 알려지지 않게 되었고, 노나라에서는 백성이 전쟁에 나아가 쉽사리 패하게 되었다.

위(군주)와 아래(백성)의 이익은 이처럼 다르다.

－「오두」

한비는 국가 이익의 실현과 개인 의무의 이행 간에 갈등이 발생할 수 있다는 사실을 인정한다. 개인윤리와 사회윤리 사이에는 일종의 양도논법(Dilemma)적 관계가 성립한다. 이러한 양도논법적 갈등관계에 대한 유가적 해결방식은 국가보다는 개인의 의무 또는 가족윤리를 우선적으로 수행하라는 것이다. 공자는 다음과 같이 말한다.

吾黨之直者 異於是 父爲子隱 子爲父隱 直在其中矣.
우리 마을의 정직함은 그것('직궁'의 사례)과 다르다. 어버이는 자식을 위해 숨겨주며, 자식은 어버이를 위해 숨겨준다. 정직은 그 속에 있다.

－『논어』「자로(子路)」

맹자 또한 순(舜)과 고수(瞽瞍)에 관한 고사를 들어 같은 취지의 답변을 하고 있다(『맹자』「진심상(盡心上)」)

유가는 도덕적으로 완성된 성인에 의한 정치를 이상으로 한다. 백성은 덕이 충만한 왕의 감화에 의해 도덕·사회적 존재가 될 수 있다. 덕에 의한 감화가 가능하기 위해서는 모든 사람이 선천적인 도덕성, 즉 사회성을 갖추고 있다는 점을 전제해야 한다. 그 전제는 '각 개인의 본성이 선하다'는 성선설로 표현된다. 맹자는 이것을 '차마 남에게 하지 못하는 마음(不忍人之心)' 또는 '사단(四端)'이라는 말로 표현한다.

'사단'이란 사회화의 가능성을 의미한다. 개인은 사회 안에서 자신의 수양을 통해 사단을 완성할 때 도덕적 완성태인 '인의예지(仁義禮智)'라는 사덕(四德)을 지니게 된다. 여기에서 인의의 실현은 개인의 목적일 뿐 아니라 사회(국가) 안에 사는 모든 구성원들의 목표다.

유가에 있어 개인윤리의 실현은 국가 이익에 선행한다. 따라서 개인은 우선 자신의 인의 실현을 최고 목적으로 한다. 나아가 개인은 자신의 내면적 수양에 그치지 않고, 그 범위를 넓혀 자기 가족과 국가, 천하로 확충해 나가야 한다. '수신제가치국평천하(修身齊家治國平天下)'의 관념은 이런 관점에서 성립한다. 그러나 이러한 확충의 순서는 시간적 선후관계만은 아니다. 사회 또는 국가 안의 모든 개인들이 이러한 덕의

이상을 실현할 때 그 사회 또는 국가는 이상적인 상태가 된다. '성왕'이란 인의에 입각한 왕도정치의 이상을 실현한 자다.

한비는 오로지 군주권의 확립만이 부국강병을 실현할 수 있는 길이라고 보았다. 군주권의 확립은 '공(公)'과 '사(私)'의 엄격한 구분에서 나온다. '사'의 원래 글자는 '사(厶)'로 본래 개인이 땅에 줄을 그어 자기 영역 표시로 못을 박은 형상이다. 한편 이를 부정하고 파기시킨 형태가 '공'이다. 한비는 '공' 의식을 강조하고 개인의 '사'적 지배영역을 일체 봉쇄한다. 공 개념과 사 개념을 대립시켜 공공의 이익과 사리(私利)가 결코 양립할 수 없다는 원칙을 밝힌 것이다.

한비는 유가적 덕을 결국 개인 또는 가족을 중심으로 한 사적인 것에 불과하다고 본다. 유가의 덕은 인의를 근거로 성립하는 것이지만, 다른 한편에서는 '효'라는 말로 표현된다. 공, 즉 국가를 중시하는 한비는 유가가 말하는 덕을 사적인 덕으로 간주해 통치행위에서 배제해야 한다고 말한다. 따라서 훌륭한 군주는 덕을 쌓는 데 힘쓰지 않고, 법을 시행하는 데 힘쓴다(不務德而務法 - 「현학」).

『한비자』에서 합리적인 법치정부의 법과 술이 일단 백성들의 습관 속으로 내면화되면 '사적인 행위'에 대한 믿음 속에 근거한 역기능적 태도들은 사라질 것이고, 개인의 도덕성을 강조하는 공허한 사적인 이론과 사적인 가치 등에 대한 집

착도 사라질 것이고, 공공의 이익만이 최고의 가치로 존중될
것이다.

유가 사상이 이상주의적이라면 법가 사상은 현실주의적
이다. 중국 역사상 유가는 항상 법가를 비열하다고 비난했으
며, 법가는 유가를 가리켜 글만 읽고 세상일에는 경험이 없
는 사람이라고 비꼬았는데, 이는 양가의 근본적인 사상 차이
에서 비롯된 것이다. 하지만 현실적으로 중국 역사에서 유가
가 법가의 사상을 자신의 체계 안에 종속시켜온 것은 분명
하다.

법의 객관성은 도에 있다

한비에서 유일한 객관적 표준은 법이다. 그런 까닭에 법령은 공정하게 시행되어야 하고, 법의 공정한 시행은 법령의 명확성을 전제한다.

> 明主之國 令者 言最貴者也, 法者 事最貴者也.
> 현명한 군주가 통치하는 국가에서 명령은 말에 있어 가장 귀한 것이며 법은 일에 있어 가장 적합한 것이다.
> － 「문변(問辯)」

이런 이유로 법이 올바른 것인 한, 법에 대한 일체의 사적

인 논의는 배제된다. 상앙이 법령의 시행이 결국 잘한 일이라고 칭찬하는 자들까지도 처형해버린 사건(사마천, 『사기평림(史記評林)』「상군열전(商君列傳)」)은 바로 법에 대한 사적 논의를 배제한 대표적 실례라 하겠다.

한비에 있어 법의 제정은 군주에 의존한다. 그러나 법이 단순히 군주의 자의로 제정되는 것은 아니다. 한비는 법이 군주에 의해 만들어져야 한다는 점을 부정하지는 않지만, 군주의 주관, 즉 마음에서 법이 발생한다는 점을 인정할 수는 없었던 것 같다. 법은 외면적으로는 군주가 제정하는 것이지만, 내면적으로는 최고의 객관적인 행위기준이기 때문에 여기에 객관성을 부여하는 어떤 원리에 근거해야 한다. 한비는 그러한 원리를 당시 최고의 이법을 의미하는 도의 관념에서 구한다.

술을 가진 군주는 우연히 그러한 선을 따르지 않고, 반드시 그러한 도를 행한다.

－「현학」

당시의 시대적 상황에서 도에서 법의 근거를 찾고자 했던 한비의 태도는 당시로서는 합리적이었음을 보여준다.

사마천은 법가는 "황노에 근본을 두고 형명을 위주로 하

였다(本於黃老 而主刑名, 喜刑名法術之學 而其歸本於黃老. -『사기 평림』「노장신한열전(老莊申韓列傳)」)"고 말한다. 나아가 한비에 대해서는 "세상사와 인정에 절실하고, 시비의 구별을 밝혔으나 궁극적으로 각박해 은혜로움이 적다"고 평가했다.

이와 같이 노자와 신불해, 한비자의 사상을 동일 계열로 간주하고, 법가의 사상을 '적은 은혜(少恩)' 또는 '각박'이라는 관점에서 평가하는 사마천의 발언은 이후 중국철학사에서 법가 평가의 정형을 이룬다. 이후 한대의 학자인 육가(陸賈)와 양웅(揚雄), 유향(劉向)의 발언 또한 같은 취지의 것이다. 이들의 평가는 법가의 법치사상이 시행된 통일 이전의 진나라나 통일 이후 진나라에서 법치의 시행이 빚어낸 역사적 오류를 지적한 것이지만, 한편으로 진나라의 이와 같은 시행착오가 후대 중국인들에게 얼마나 법치에 대한 인상을 각인시키고 있는지를 보여주는 단면이기도 하다.

그런데 1973년 장사 마왕퇴 3호 한묘(漢墓)에서 발굴된 『백서노자(帛書老子)』는 지금의 『도-덕경(道-德經)』과 달리 『덕-도경(德-道經)』이라 불리는 것으로 법가에서 중시하던 노자본으로 추정된다. 또한 같이 출토된 『황제사경(皇帝四經)』은 지금까지 실전된 것으로 알려져 있던 황로학의 전본으로 추정된다. 『황제사경』의 중심관념은 '법이 도에서 나온다(道生法)'는 것으로, 도가적 자연 천도관에 입각해 법치를 정당

화하는 것이다. 이 서적들의 제작연대가 한비 이후이긴 하나, 그 사상적 연원은 한비 이전의 것으로 추정된다. 따라서 한비가 『백서노자』 및 『황제사경』의 사상에 영향 받았을 것이라는 가정은 매우 신빙성이 높다. 이로부터 한비가 노자 사상에 입각해 법치를 정당화하려 했다는 전제는 상당히 객관적인 것임을 알 수 있다.

도가와 법가는 중국 사상의 양 극단을 대표한다. 도가는 인간을 원래 순박하다고 보았는데, 법가는 인간을 전적으로 악하다고 보았다. 그리하여 도가가 인간의 절대적인 자유를 옹호했음에 반해 법가는 극단적인 사회통제를 주장했다. 그럼에도 불구하고 두 학파는 '무위'에 공통적인 기반을 둠으로써 상통되었다. 법의 객관성의 근거가 될 수 있는 도 관념은 결코 유가적인 것일 수 없다. 한비에 의하면, 유가가 인치나 덕치를 강조하는 한 그들의 도 관념 또한 주관적인 것일 수밖에 없다. 따라서 그는 인간의 주관적 판단의 개입을 배제한 무의지적인 허정(虛靜), 무위(無爲)의 노자적 도에서 법의 근거를 모색한다. 한비자에 있어 노자적 도 관념은 법에 객관성을 부여하는 형이상학적 원리다.

한비 시대의 법 인식과 오늘날의 법 인식이나 관념이 다를 수는 있다. 그러나 한비가 노자적 도에서 법의 근거를 이끌어 내려고 했던 것은 분명하며, 그것은 법실증주의적 사고가

아니라 일종의 자연법 사상에 기초하고 있다고 보는 게 오늘날의 정설이기도 하다. 따라서 한비가 도에서 법의 객관성을 끌어내고자 했던 의도는 분명하다. 법의 객관성이란 법적 근거의 객관성 또는 적용의 객관성에까지 나아간다.

후기의 도가들도 법가의 치국책을 다른 말로 표현하면서 사용하기 시작했다. 『장자』「천도(天道)」편에서 우리는 '인간 사회를 통제하는 길'에 관한 언급을 찾을 수 있다. 이 언급 속에는 유위와 무위의 구별, '천하에 부림당함(爲天下用)'과 '천하를 부림(用天下)'의 구별이 있다. 무위는 '천하를 부리는 길'이요, 유위는 '천하에 부림당하는 길'이다. 군주가 존재해야 하는 이유는 온 천하를 통치하기 위함이다. 그러므로 군주의 직책과 임무는 스스로 모든 일을 하는 것이 아니라 타인이 일을 하도록 시키는 일이다. 다시 말하면 군주의 통치 방법은 '무위'로 천하를 부리는 일이다. 반면 신하의 직책과 임무는 명령을 받아 그에 따라 모든 일을 처리하는 것이다. 바꿔 말하면 신하의 직능은 '유위'로 천하에 의해 부림을 당하는 것이다.

군주가 어떻게 천하의 사람을 임용할 것인가에 대한 상세한 설명은 『장자』에 기록되어 있다. 이 구절의 뒷부분은 분명 법가의 주장과 일치한다.

옛날에 큰 도를 밝히는 자는 먼저 하늘(자연)의 이치를 밝히고 그 다음 도덕을 밝혔다. 도덕이 밝혀지면 그 다음 인의를, 인의가 밝혀지면 그 다음 분수(分守, 나뉜 몫과 그 것을 지킴)를, 분수가 밝혀지면 그 다음 형명(形名)을, 형명이 밝혀지면, 그 다음 인임(因任, 재능에 따라 직책을 맡김)을, 인임이 밝혀지면 그 다음 원성(原省, 미루어 살펴봄)을, 원성이 밝혀지면 그 다음 옳고 그름을, 옳고 그름이 밝혀지면 그 다음 상벌을, 상벌이 밝혀지면 우매한 자와 지혜로운 자가 마땅한 직위를 담당하고, 고귀한 자와 비천한 자가 제자리를 차지하니 어질고 현명한 사람과 못난 사람이 실정에 따라 쓰이게 된다. 이를 태평(太平)이라 하며 통치의 극치이다.

- 『장자』「천도」

통치자는 벌을 받아야 할 자가 친구나 친척일지라도 벌을 주어야 하며 상을 받아야 할 자가 적이라도 상을 주어야 한다. 통치하는 자가 한 번이라도 이 규율을 어기면 전체 국가 조직은 붕괴된다. 참으로 그러한 요구를 완수할 수 있는 사람은 법가적 성인뿐이라 해도 지나친 말이 아니다.

노자의 원시주의와는 정반대로 인간의 진정한 본성은 진보된 법가의 사회·정치적 질서라는 정교한 제도적 장치를 통

해 실현될 것이다. 그러나 진정한 그리고 완벽한 무위 사회를 실현할 수 있는 가능성은 결코 순자의 유가가 아니라 법가의 질서 속에 존재한다. 이러한 무위적 사회가 반드시 참된 술을 소유한 자들의 계획적인 행동에 의해 실현되어야 한다는 사실은 도의 '자연성'을 철두철미하게 포괄한다.

사실 노자와 법가의 종합은 한대 초에 광범위하게 유행했던 황제와 노자의 교리를 결합한 황로(黃老) 사상인 것으로 보인다. 사마천은 신도, 신불해 그리고 한비가 모두 황로 사상을 공부했다고 기술하고 있는데, 이 사실은 그가 입수한 대부분의 법가 저작들이 지금의 시점에서 볼 때 황로라고 성격을 규정할 수 있는 『노자』의 영향을 보였다는 점을 암시한다.

한비가 노자 사상의 핵심 관념인 도와 덕 및 무위, 허정 등을 어떻게 해석하며 이러한 관념들을 자신의 법사상에 어떻게 적용하고 있는지를 살펴보는 일은 그가 어떻게 도가 사상에서 도적 객관성을 이끌어냈는지를 아는 데 필수적인 일이다. 이와 같은 논의를 통해 한비의 법사상이 갖는 참된 의미, 의의 및 문제점이 무엇인지를 알 수 있기 때문이다.

한비는 노자적 도를 법의 형이상학적 근거로 보는 까닭을 밝히면서 그의 저서 『한비자』에 『노자』를 여러 차례 언급한다. 「해로(解老)」「유로(喩老)」「주도(主道)」「양권(揚權)」「설림상(說林上)」「관행(觀行)」「대체(大體)」「공명(功名)」「내저설 좌상(內儲說

左上)」「내저설 우상(內儲說 右上)」「난(難)」「설의(說疑)」「육반(六反)」 등은 『노자』를 언급하는 대표적인 편들이다. 이중 「해로」 「유로」는 『노자』에 대한 최초의 주석으로 추정되고 있고, 「주도」 「양권」은 노자 사상에 입각해 법치를 정당화하는 편들이다.

그런데 『한비자』에서 『노자』를 언급하는 편들은 한비 자신의 글이 아니라는 견해가 있다. 기무라 에이이치(木村英一)는 『한비자』에서 『노자』가 언급되는 편들은 한비가 죽은 뒤 후학들이 황로 사상의 영향을 받아 노자를 법치의 철학적 정당화의 수단으로 보고, 한비의 사상과 노자 사상을 결합해 기술한 것이라고 주장한다. 그는 황로학의 성립시기를 한대 초로 단정하고, 노자와 관련된 『한비자』의 글들은 한비 사후 한대 초를 거치면서 쓰인 것으로 본다. 이에 대한 증거로 노자를 '사물을 가벼이 여기고, 삶을 무겁게 여기는 선비(輕物重生之士)'로 간주하는 한편, 한비 자신의 글로 추정되는 「오두」 「현학」 등에서 한비가 '경물중생지사'를 중히 여기지 않고 있다는 점을 들고 있다.

그러나 이러한 가정은 몇 가지 치명적인 문제를 안고 있다. 첫째, 황로학의 성립시기를 한대 초로 보고, 한비 당시 그러한 사상이 존재하지 않았을 것이라 단정하는 것은 너무 단순하다. 황로학이 진나라 말이나 한대 초에 성행했다는 것은

역사적으로 입증되는 사실이나 그 이전에 그러한 사상 경향이 존재하지 않았을 것이라 단정하기는 힘들다. 황로 사상은 성인 왕의 이상인 황제와 노자의 철학을 결합한 것으로, 진나라 이전 전국시대에 성립되어 있었을 것이라는 가정을 배제할 수 없다. 사마천 역시 한비의 사상이 황로에 근본을 두고 있다고 기술한다.

둘째, 한비가 '경물중생지사'를 반대한다는 사실이 곧 그가 노자 사상을 반대하는 것임을 입증하는 결정적 사실은 아니다. 노자의 사상에 경물중생의 관념이 전혀 없지는 않으나 그러한 관념은 노자 사상의 일부에 불과하다. 경물중생의 관념은 원래 양주(揚朱)의 사상에서 근원하는 것으로 장자의 사상에서 더욱 두드러진다. 노자의 사상은 보다 포괄적인 것으로 경물중생에만 국한되는 것이 아니다. 그것은 노자 철학의 하위관념일 뿐이다.

셋째, 한비와 사마천의 시대적 간격은 백여 년 정도의 차이밖에 없다. 사마천은 법가의 사상이 황로 사상에 그 연원을 두고 있다고 기록한 최초의 인물이다. 한비 이후 한 세기 동안에 사상의 연원관계가 그처럼 굴절되어 버렸다고 단정하기에는 무리가 있다. 사마천의 발언은 당시의 정론을 반영하는 것이며, 그 자신의 단순한 추측은 아니었을 것이다. 사마천의 사상 평가에는 다소 문제점이 표출되지만, 사상적 연원

에 대한 그의 기술은 상당히 객관적인 태도를 보여준다.

한편 지적할 수 있는 점은 한비 자신이 실제로 노자의 사상을 비판·배척했다 해도 그의 생애 중 초기에 해당할 뿐이며, 후일 노자의 영향을 받아 그 사상을 반영했을 것이라는 가정 또한 여전히 유효하다는 것이다. 그러므로 한비 자신이 노자 철학을 해석하고 인용하는 것은 자신의 법치사상을 정당화하기 위한 것이라고 할 수 있다. 무엇보다도 결정적인 증거는 1973년 마왕퇴 한묘에서 발굴된 『백서노자』나 『황제사경』 등이다. 한비가 『노자』를 통해 어떤 관점에서 법치를 정당화하고 있는가를 파악하려면 우선 그의 『노자』 해석을 고찰해야 한다. 그는 분명히 노자 사상의 중심개념을 도와 덕, 무위 및 허정으로 보고 있다. 이는 한비가 노자 사상의 핵심을 명확하게 파악하고 있다는 증거이기도 하다.

도와 덕

한비에 있어 도와 덕의 의미해석상 최초의 전제는 '천(天)'과 '인(人)'의 구분이다. 천과 인을 구분하는 경향은 일찍이 『장자』에 나타나며, 순자 또한 천과 인을 장자적 의미로 구분해 자신의 철학적 사고를 전개한다. 한비 역시 이러한 계열에 속한다.

聰明睿智 天也. 動靜思慮 人也. 人也者 乘於天明以視
寄於天聰而聽 託於天智以思慮.

총명예지는 자연적인 것(天)이다. 동정·사려는 인위적인
것(人)이다. 사람은 자연적인 밝음(天明)에 의지해 보고,
자연적인 귀밝음(天聰)에 의탁해 들으며, 자연적인 지혜(天
智)에 기탁해 생각한다.

— 「해로」

이 발언에서 천과 인을 구별하고, 나아가 인위적인 것은 반
드시 자연적인 것에 근거해야 한다는 함축적 의미를 파악할
수 있다. 한비가 이해하는 자연적인 것은 곧 '도'를 암시한다.

道者 萬物之始 是非之紀也. 是以明君守始以知萬物之
源 治紀以知善敗之端.

도란 만물의 처음이며 옳고 그름의 실마리이다. 그러므
로 현명한 군주는 처음을 지켜 만물의 근원을 알고, 실마
리를 다스려 잘되는 것과 못되는 것의 단서를 안다.

— 「주도」

한비의 도에 관한 규정은 『노자』와 거의 같은 입장을 취한
다. 『노자』에서 도는 '만물의 처음(『노자』 제1장)'이며 '천지보

다 먼저 생겨났고 …… 홀로 서서 바뀜이 없으며 두루 가지만 위태로움이 없다. 그러므로 천하의 어미(母)가 될 수 있다(先天地生. …… 獨立而不改 周行而不殆 可以爲天下母. - 『노자』제25장)'

주목할 만한 사실은 한비가 도를 시비의 실마리(端緖), 곧 판단의 기준으로 해석한다는 점이다. 『장자』에 따르면, 옳음과 그름은 인간의 상대적 관점에서 성립되는 것으로서 절대의 세계는 옳음과 그름의 구별이 절대적으로 소멸된 만물제동의 세계이다(『장자』「제물론(齊物論)」).

『노자』도 옳고 그름의 구별이 인간의 주관적 판단이 아니라 절대적인 도에 근거한다고 본다. 그러나 『노자』의 도는 절대적 무분별의 세계를 의미하는 것은 아니다. 이 점은 『노자』와 『장자』의 철학적 차이이자 현실 인식의 차이를 단적으로 보여주는 것이다. 『노자』에서 옳고 그름의 구별은 자연적이고 절대적인 가치의 기준이다. 『노자』는 현실세계 속의 인위적인 관점을 부정하지만, 그것을 통해 절대적 진리 세계로의 지향을 꿈꾼다. 그 세계는 곧 도의 세계다. 한비가 사용하는 '시비'는 이와 같이 노자적인 의미의 것이다.

道者萬物之所然也. 萬理之所稽也. 理者 成物之文也.
道者 萬物之所以成也. 故曰道理之者也.

도란 만물의 그러한 바이며, 온갖 이치가 근거하는 바다.
이치(理)란 사물을 이루는 형식(文)이다. 도란 만물이 이
루어지는 원인이다. 그러므로 도는 (만물에) 이치를 부여하
는 것이라 하였다.

-「해로」

理者方圓短長粗精堅脆之分也. 故理定而後物可得道也.
故定理有存亡 有死生 有盛衰.

무릇 '리'란 모난 것, 둥근 것, 짧은 것, 긴 것, 조악한 것,
정밀한 것, 단단한 것, 부스러지기 쉬운 것 등을 구분하는
것이다. 그러므로 이치가 정해진 연후에 사물은 도를 얻을
수 있다. 따라서 이치가 정해지면 존망, 생사, 성쇠가 있게
된다.

-「해로」

凡物之有形者易裁也, 易割也. 何以論之? 有形, 則有短
長; 有短長, 則有小大; 有小大, 則有方圓; 有方圓, 則有堅
脆; 有堅脆, 則有輕重; 有輕重, 則有白黑. 短長·大小·方
圓·堅脆·輕重·白黑之謂理. 理定而物易割也.

형태를 가진 모든 사물은 쉽게 잘라지고 쉽게 분할된다.
이것을 어떻게 증명할까? 형태가 있으면 길고 짧음이 있

다. 길고 짧음이 있으면 크고 작음이 있다. 크고 작음이 있으면 사각형과 원형이 있다. 사각형과 원형이 있으면 단단함과 부드러움이 있다. 단단함과 부드러움이 있으면 무겁고 가벼움이 있다. 무겁고 가벼움이 있으면 희고 검음이 있다. 길고 짧음, 크고 작음, 사각형과 원형, 단단함과 부드러움, 무겁고 가벼움, 희고 검음을 일러 '양식(理)'이라고 한다. 양식이 확정된 후에 사물은 쉽게 분할된다.

— 「해로」

도는 사물에 '본질을 부여하는(理之)' 근원이다. 도에 근거하지 않는 사물은 존재한다고 할 수 없다. 세계 안의 모든 사물은 도에 의해 존재성을 갖는다. 도는 만물의 형이상학적 근원이다.

「해로」편이 주목할 만한 가치가 있는 이유는 이 책이 도와 『관자』「칠법(七法)」에서 말하는 '원리(則)'처럼 인간이 이용하거나 아니면 피해를 감수하면서 무시하는 자연 속의 객관적인 규칙성으로서 이해된 사물 및 사태들의 양식(理) 사이의 관계를 검토하기 때문이다. 우리는 이미 『순자』에서 '이(理)'라는 술어를 목격했다. '이'는 주희(朱熹)의 신유학에서 중추적인 형이상학적 개념으로 되는데, 거기에서는 하늘과 도, 천명, 본성이 모두 이러한 관점에서 새롭게 정의된다. 한비는 이

에 대해 광범위한 설명을 제공한 첫 번째 사람이다.

'도'라는 형이상학적 세계 근원으로부터 사물에 본질이 부여되는 것을 덕(德)이라 한다. 덕은 사물의 개별적 본질을 의미한다. 여기에서 덕은 얻음(得)의 의미를 갖는 것으로서 곧 개체가 보편적 도로부터 본질을 부여받는다는 것이다.

> 德者內也. 得者外也. …… 凡德者 以無爲集 以無欲成 以不思安 以不用固.
>
> 덕은 안이고, 얻음(得)은 밖이다. …… 무릇 덕은 행위를 하지 않음으로써 안정되고, 쓰지 않음으로써 굳건하게 된다.
>
> ―「해로」

> 夫物有常 因乘以導之 因隨物之容. 故靜則建乎德 動則順乎道.
>
> 무릇 사물에는 일정한 모양이 있다. 각기 자질에 따라 이끌어 가고 사물의 모양에 따른다. 그러므로 정하면 견고하게 되고, 움직이면 도에 순응하게 된다.
>
> ―「해로」

> 夫道者 弘大而無形. 德覈覈理而普至. 至於群生 堪酌用之. …… 道者 下周於事 因稽而命 與時生死 參名異事通

一同情. 故曰道不同於萬物, 德不同於陰陽.

　　대저 도란 매우 커 형체가 없다. 덕이란 조리가 명백해 널리 미치는 것이다. 살아 있는 여러 만물에 이르기까지 모두가 이 도를 퍼내어 쓴다. …… 도는 아래로는 만사에 두루 미쳐 생명을 갖게 하고, 때에 따라 나고 죽게 하며, 이름을 살피고 일을 달리 해도 같은 실정에 하나로 통하게 한다. 그러므로 도는 만물과 같지 않고, 덕은 음양과 같지 않다.

- 「양권」

　　이상과 같은 도-덕에 대한 해명에서 한비가 노자의 형이상학 내지는 세계관을 어떻게 이해하고 있으며, 그 영향을 얼마만큼 받고 있는지를 알아챌 수 있다. 이렇게 하여 한비는 『노자』의 첫 구절 '도라고 말해질 수 있는 (말로 표현될 수 있는) 도는 항상적인 도가 아니다'를 합리적으로 설명한다. 보편적인 도는 사물의 대립적인 향방을 모두 포함하기 때문에 어떤 사물의 도라고 기술될 수 있는 것은 단지 지엽적인 규칙성 중 하나가 될 수 있을 따름이다.

무위와 허정

　　『노자』에서 도-덕 관념은 필연적으로 무위, 허정과 관련된

다. 무위는 도의 필연적 성격으로서 '도'라는 개념 속에 내재하는 개념이다. '도'는 우주와 자연의 운행질서이며 그 자체 무위를 속성으로 한다. '무위'란 '저절로 그러한 것'으로 인위적이거나 의도적인 힘이 개입되지 않음을 의미한다. 그러나 도는 무위이면서 모든 일을 한다(無爲而無不爲). 인간 또한 자연 안에 거주하는 존재로 그 자체 또한 무위를 근본속성으로 가진다. 인간의 불행은 자신의 주관에 의해 판단하고, 그에 따라 행위 하기 때문이다. 이러한 노자의 입장은 일종의 문명비판적 사고를 명백히 보여준다. 또 이러한 입장은 '작은 나라 적은 백성(小國寡民)'이라는 정치적 견해를 표출한다.

常使民無知無欲, 我無爲而民自化.
작은 나라에서 백성으로 하여금 스스로 무지, 무욕하게 할 수 있고, 내가 무위하여 백성은 저절로 교화된다.

— 『노자』 제50장

한비는 무위를 노자와 마찬가지로 도의 근본속성으로 파악하지만, 동시에 군주의 행위방식을 가리킨다. 그것은 곧 군주의 법운용을 뜻한다. 무위는 한편으로는 군주의 주관적 판단을 배제한 객관적 도에 근거한 행위를, 다른 한편으로는 군주의 통치기술을 의미한다.

事在四方 要在中央. 聖人執要 四方來效. …… 夫物者
有所宜 材者有所施 各處其宜 故上下無爲.

일은 사방에 있으나 요체는 가운데 있다. 성인이 요체를
갖추면 사방에 효과가 나타난다. …… 무릇 사물은 그 적절
한 바를 가지며 각각 능한 바가 있다. (그리하여) 각기 적절한
바에 처하게 한다. 그렇게 되면 아래와 위가 무위하게 된다.

- 「양권」

군주가 정치의 요체를 파악해 적재적소에 시행하는 것이
올바른 정치다. 군주는 나라 안 구성원들의 능력을 파악해
적합한 일을 부여하고 책임 지운다. 또 군주는 각자가 맡은
일의 성패 여부에 따라 상벌을 내린다. 이때 군주의 심적 태
도는 주관적 판단에 치우쳐서는 안된다. 그래서 한비는 이와
같은 군주의 태도를 '허정'으로 표현한다.

故虛靜以待令. 令命自命也. 令事自定也. 虛則實之情 靜
則知動者正.

그러므로 허와 정으로써 명(命)을 기다리고, 이름이 스
스로 이름 지워지게 하며, 일이 스스로 이루어지게 한다.
텅 비면 실정을 알고, 고요하면 움직임이 바름을 안다.

- 「주도」

군주가 사심이 아닌 허정에 의해 공정한 판단으로 통치를 하면 국가가 바로 잡힐 수 있다. 국가가 바로 잡히면 군주는 '무위'할 수 있다. 한비는 이와 같이 노자의 무위, 허정에 대한 해석을 통해 법치의 이상적 상태를 표현한다.

도와 법의 개념적 결합의 의미

한비는 『노자』 해석을 통해 도와 법을 결합한다. 이때 법은 단순히 제도적 의미의 것이 아니라 이법적 차원의 의미를 갖는다. 한비는 노자의 도-덕, 무위의 관념으로 법치의 타당성 및 군주 존재의 절대성을 역설한다. 한비의 다음과 같은 발언들은 그의 법치정신의 진면목을 보여준다. 그는 먼저 도가 실현되지 않은 상태가 어떤 것인지를 『노자』 해석을 통해 강조한다.

人君者無道 則內暴虐其民 而外侵欺其隣國. 內虐則民産絶 外侵則兵數起.
군주가 무도하면 안으로는 백성에게 포악하고, 밖으로는 인접 국가를 침공한다. 안으로 학정을 하면 백성의 생산이 끊어지며, 밖으로 침공하면 군대를 자주 일으키게 된다.
                                                                        - 「해로」

나아가 한비는 이와 같은 무도의 상태를 배제하고, 군주가 도(理)에 입각해 통치할 것을 역설한다.

> 夫緣道理以從事者 無不能成 無不能成者 大能成.
> 대저 도리에 따라 일을 하면 이루어지지 않는 것이 없다.
> 이루어지지 않음이 없다는 것은 크게 이루어진다는 것이다.
>
> —「해로」

한비의 궁극적 목적은 '도의 실현'이지만, 이를 위해 현실적으로는 법치를 필연적인 것으로 간주한다. 한비는 법치가 완전하게 실현된 상태를 다음과 같이 기술한다.

> 民犯法令之謂民傷上 上刑戮民之謂上傷民. 民不犯法則上亦不行刑 上不行刑之謂上不傷人. …… 上內不用刑罰而外不事 利其産業 則民其蓄息.
> 백성이 법령을 범하는 것을 백성이 군주를 상하게 한다고 일컫는다. 군주가 형으로 백성을 다스리는 것을 군주가 백성을 상하게 한다고 일컫는다. 백성이 법을 범하지 않으면 군주 또한 형을 행하지 않는다. 군주가 형을 행하지 않는 것을 군주가 사람을 상하지 않는 것이라 한다. …… 군주가 형벌을 사용하지 않게 되고, 밖으로 일삼음이 없이

산업을 진흥하면 백성이 번창한다.

- 「해로」

한비는 이러한 상태에 도달하는 것을 군주가 덕이 있는 것
이라 간주한다. 한비에 의하면, 법치의 완성은 곧 도의 실현
이다. 여기에서 노자적 도의 이상과 한비의 법치사상은 일치
한다. 추상적인 도는 현실에서 덕으로 드러난다. 노자나 한
비는 덕의 실현이 현명한 군주를 통해 가능하다고 본다. 여
기에서 군주의 역할이 강조된다. 군주는 도를 파악하고 법을
제정하는 자다. 한비가 군주의 권한에 절대적 가치를 부여한
이유가 여기에 있다.

노자, 한비는 모든 인간의 행위, 특히 군주의 행위방식을
무위로 표현한다. 무위는 도의 무의지적, 비주관적 특성, 즉
자연성을 의미한다. 이상과 같은 관점은 도, 즉 변화하는 자
연 질서에 대한 깊은 통찰로부터 성립된다. 자연의 변화 자체
는 끊임이 없지만, 변화의 원리 그 자체는 항구적이다. 이러
한 사고방식은 중국적 자연관의 원형인 '역(易)'의 사상에서
연원한다. 인간은 자연의 변화에 순응해야 한다. 자연의 변화
속에는 어떤 인간적인 의지도 가치판단도 포함되어 있지 않
으며 '저절로 그러한 것(自然=無爲)'이기 때문이다.

한비는 한걸음 더 나아가 도의 관점을 정치, 즉 통치행위

에 적용한다. 노자는 무위의 추상적 의미 그대로를 인간행위에 적용한다. 노자의 정치관은 방임주의적 색조를 띤다. 이는 '나는 무위하지만 백성들은 스스로 변화한다(我無爲而民自化)' 또는 '가장 높이 있는 자는 그가 있는 줄도 모른다(太上不知有之)'의 발현이다. 그러나 한비는 법에 근거한 강력한 공권력에 의한 통치를 주장한다. 그것은 그의 성악설적 입장에서 출발하는 것이지만, 한비는 법을 시행하는 군주의 태도에 무위를 적용한다.

明君無爲於上 群臣竦懼乎下.
현명한 군주는 위에서 무위하고, 여러 신하들은 아래에서 두려워한다.

— 「주도」

이는 군주에게 세와 술이 있기 때문이다. 그러나 군주가 세를 갖고 술을 운용한다고 해서 여기에 주관적 판단이 개입되어서는 안 된다. 유가 비판에서 밝혀지고 있는 바와 같이 그것은 무위의 또 다른 의미다.

『노자』는 방임을, 한비는 전제를 강조한다. 그러나 이것은 어디까지나 현실적 차이일 뿐이다. 한비에게 법치의 궁극적 이상은 '군주가 형벌을 행하지 않아 사람을 상하지 않는' 상

태에 이르는 것이다. 그러나 한편으로 법의 사용은 강제적인 것이며, 따라서 무위의 이념에 합치하지 않는 것처럼 보인다. 한비는 이를 불가피한 것으로 본 것 같다.

성악을 기본전제로 하는 한비에게 노자와 같이 무위에 의해 저절로 다스려 진다고 하는 관념은 기대하기 어렵다. 실제로 노자의 무위 관념이 어느 정도 현실성을 갖지 못하는 것은 사실이다. 다시 말하면 노자의 무위가 현실에서 구체적으로 어떤 행위방식을 의미하는가는 분명치 않다. 한비는 이러한 노자적 무위를 현실화한다. 따라서 한비는 원시적 소규모 국가가 아닌 방대한 국가 안에서 이상을 실현하기 위해 도에 근거한 법의 시행을 통치의 구체적인 원리로 요청한 것이다.

에필로그 : 노자적 법치주의

지금까지 살펴본 것처럼 법치 관념은 춘추전국시대 전통적인 인의(仁義) 관념이나 예(禮) 관념을 대체하며 성립되었고, 진의 통일 시기까지 지배했다. 법은 군주의 힘을 더욱 막강하게 만들었으며 백성의 억눌림은 더욱 증폭됐다.

예를 들어 진시황은 한비의 사상을 받아들여 부국강병을 이룩하고 천하를 통일했지만, 까다로운 법을 만들어 백성들을 착취하고 고통 속에 빠뜨렸다. 힘에 의해 유지된 권력은 그가 천하를 순시하던 중 객지에서 사망한 뒤부터 흔들려 부당하게 즉위한 그의 아들 대에 가서 힘없이 무너져 버렸다. 이 때문에 특히 유자들의 입장에서는 한때 『한비자』를 '악의

책'으로 규정하기까지 했다.

한비가 주장하는 법이란 겉으로는 군주와 신하 그리고 백성들이 모두 함께 준수해야 하는 법칙이지만, 실제로 결코 사상은 아니고 이데올로기에 불과할 뿐이라고 평가절하 해 버릴 수도 있다. 역사적으로 그렇게 인식되었던 게 사실이다.

한비가 인간의 본성이 악하고 자기의 이익만을 추구한다고 주장한 것은 지극히 현실적인 인간관이었다. 사실 한비의 말처럼 인간에게는 악한 면이 있다. 그러나 모두 악한 면만 있고 자신의 이익만을 추구하는 것은 아니다. 때로는 지극히 선해 온정으로 가득하기도 하다. 사실 인간의 본성은 선이나 악 어느 한쪽으로만 결정될 수 있는 것은 아니다. 그래서 서로 의지하며 어려운 상황을 극복하고 살아가는 것이다. 한비의 인간관은 인간성의 상실을 가져올 여지가 있다는 비판도 있었다. 사실 인간성의 문제란 선이건 악이건 중립이건 어느 쪽으로 결정할 수 있는 과학적인 문제가 아니다.

그러나 한비는 중국의 사상에 많은 기여를 했다고 할 수 있다. 그의 정치 이론은 도덕과 인의를 기반으로 한 것이 아니고 법에 근거한다. 그렇게 함으로써 강력한 중앙집권 체제의 건설을 가속화해 중국 역사에 일대 변화를 가져오게 했다. 실제로 한비의 사상은 진나라 한 시대뿐만 아니라 청나라에 이르는 모든 시대에 유학을 근간으로 해 성립된 정치사

상에 지대한 영향을 끼쳤다.

우리의 고전 해석사를 살펴볼 때, 우리 조상들은 모두 유교문화에 안주한 편향적 성향으로 인해 제자학(諸子學) 분야 전반에 대한 연구를 등한시했다. 특히 조선 시대에는 주자학적 위상을 탈각하지 못한 유학자들의 섣부른 정통의식 때문에 제자서를 이단시하고 기피했다.

유가나 묵가적인 도덕주의에 대해 진력이 나도록 읽거나 세뇌가 된 뒤 법가를 접하면 참신한 느낌이 들 수 있다. 유익한 정책의 실현은 선한 의도가 아니라 제도에 달려 있음을 이해했다는 점에서 법가는 탁월했다. 법가와 유가의 충돌 속에서 도덕적 의무의 정도가 가족으로부터 멀어질수록 점차 엷어진다는 유가의 관념이 실제 최고 권력 가문들의 집단 이기심을 정당화시켜주는 것이었음을 우리는 분명히 목격해 왔다. 때론 『삼국지(三國志)』를 읽을 때 그러한 바를 느끼기도 했다. 법가와 유가의 차이는 진수(陳壽)가 객관적으로 기록한 『삼국지』와 나관중(羅貫中)의 『삼국지연의(三國志演義)』 사이의 차이만큼이나 크다.

자신들이 최선이라고 생각하는 방식으로 사건을 판단하는 것을 방해한다는 이유로 법전의 공포에 대해 숙향과 같은 최초의 유자 귀족들이 보였던 저항 의식은 오늘날에도 여전히 보수적으로 잔존해 있다. 보수적인 계층의 법에 대한 의식

은 예나 지금이나 자신들의 기득권이나 이익을 철두철미 고수하려 할 뿐이다. 법가, 특히 한비는 도가적인 도에서 법의 근거를 끌어옴으로써 그러한 보수적인 의식을 깨고자 했다.

법가의 법 개념과 서구의 법 개념 사이에는 다음과 같은 몇 개의 공통적 특징이 존재한다. 법은 엄밀하게 형성되어 있고, 모든 개인적인 고려들로부터 독립적이며 공적이고, 공식적으로 대체될 때까지 변경할 수 없다. 비록 처벌의 대상이 아니라는 점에서 군주는 법을 초월하지만, 처벌을 부과하는 점에서 그 자신도 법의 구속을 받는다. 그러나 서구적 법과 크게 다른 점은 법가의 법은 시민의 보호가 아니라 효과적인 통제의 수단으로 만들어졌다는 점이다.

한비에 의해 최고로 발전된 상태에 있어서 법가적 국가의 주된 사업은 전쟁이고, 부차적인 것은 효율적인 전쟁을 위해 백성들을 먹이기 위한 농업이다. 이 제도는 전체주의와 다름없는 중국에서 고안된 것 중 가장 독재적이고, 따라서 모든 권력은 군주 한 사람에게 집중된다. 한비의 주된 관심사 중 하나는 이러한 권력의 유지다. 우리는 이러한 상황을 한비가 살았던 전국시대 후기라는 정황을 미루어 이해할 수 있을 것이다.

한비에서 법의 관념은 그것이 『노자』의 도에 근거하는 한 객관성과 필연성을 확보할 수 있다는 점이다. 실제로 한비

는 노자 사상을 법치 정당화에 적용했다. 한비는 법치가 도의 상태에 도달할 때 완성된다고 본다. 『노자』의 도는 자연의 객관적 질서를 의미한다. 이 점에서 한비의 법사상은 중국적 우주질서 관념을 근간으로 하는 자연법적 사고를 보여준다.

'한비의 법사상이 실정법이냐 자연법이냐'의 문제는 보다 상세한 논의가 필요하다. 그러나 『한비자』의 여러 편에 나타나는 법치의 중점이 노자적 도에 근거한다는 점은 확실하다. 그러한 한비의 법사상이 자연법적 요소를 함축하고 있다는 사실은 부정하기 어렵다. 자연의 질서인 도에서 법의 근거를 구하는 한비의 태도는 객관정신의 발현이다. 법은 공평무사한 것이어야 한다. 법의 공평무사성은 군주의 사적 판단을 배제하는 무위, 곧 도의 정신과 뗄 수 없는 관계다.

이상의 몇 가지 점들은 한비의 법 관념이 가지는 의의라 할 수 있다. 그러나 이러한 한비의 법치사상에서 몇 가지 문제점들은 고려해볼 만한 가치가 있다.

첫째, 한비가 중시하는 도가 자연변화의 질서를 의미하는 형이상학적 전제라면 과연 그것은 어떻게 파악될 수 있는 것이며 또 누가 그것을 파악할 수 있는가? 이런 문제는 일반적으로 형이상학적 원리에 입각해 세계를 해명할 때 발생하는 궁극적 난제다. 이 문제는 일반적으로 직관에 의해 파악될 수 있는 것으로 주장되어 왔다. 한비는 현명한 군주가 도를

파악할 수 있다고 보는 것 같다. 그러나 그는 도가 구체적으로 무엇이며 어떻게 파악할 수 있는가에 대한 구체적인 언명을 회피하고 있다.

둘째, 한비는 현명한 군주에 의해 법이 제정되어야 한다고 본다. 법의 제정뿐 아니라 시행에 있어서도 군주는 절대적 권한을 갖는다. 이때 군주 일인에게 권력이 집중한다는 현실적인 문제가 발생한다. 현실에서 군주가 자의적으로 법을 시행한다면 그것을 방지할 수 있는 대안 또는 제도적 장치는 있는가? 아무리 현명한 군주라 해도 초인이 아닌 이상 항상 객관적 판단에 의해 법을 시행할 수는 없다. 그래서 한비는 여기에서 '완벽한 군주'를 가정한다. 그러나 이러한 가정은 매우 막연하며 이상에 불과한 것이 아닐까? 현실적으로 완벽한 군주가 존재할 수 있느냐는 질문은 상당한 난문(難問)이다. 이렇다면 한비가 본래부터 비판해 왔던 유가의 덕치의 이념에서 유가적 성왕과 한비의 이상적 군주와의 차이는 소멸되고 말 뿐이다. 이 점에서 한비의 법사상이 군주의 자의를 방조한다는 비판은 한비의 본래 의도와 다르지만 현실적으로 타당성을 갖게 된다.

셋째, 한비에게 법은 국가의 이익, 백성의 이익을 고려해 제정·시행되는 것이라 한다. 이때 고려해야 할 문제는 국가와 개인 간에 이익의 충돌이 발생한다는 점이다. 한비는 여기에

서 개인의 이익보다는 전체, 즉 국가의 이익이 우선한다고 단정한다. 그렇다면 국가가 개인에 우선한다는 가정이 항상 옳다는 것은 어떻게 입증할 수 있을까? 국가의 이익이라는 것은 어떤 기준에 의해 파악될 수 있는 것일까? 이와 같은 문제들에 대해 한비는 명백한 답변을 하고 있지는 않다.

참고문헌

『韓非子』, 漢文大系 八.

『老子翼』, 漢文大系 九.

『莊子翼』, _____ .

『論語』, 漢文大系 一.

『孟子』, _____ .

『荀子』, _____ .

『帛書老子』

司馬遷, 『史記評林』.

勞思光, 『中國哲學史』(一), 臺北, 1981.

木村英一, 『法家思想の研究』, 東京, 1944.

_____, 『老子の新研究』, 東京, 1959.

蕭公權, 『中國政治思想史』, 上海, 1945.

小野澤精一, 『講座 東洋思想』 4, 東京, 1967.

梁啓雄, 『韓非淺解』, 臺北, 1960.

容肇祖, 『韓非子考證』, 上海, 1935.

張成秋, 『先秦法家思想之研究』, 臺北, 1973.

中國社會科學院編, 『中國歷史地圖集』-1-春秋戰國時期, 中國地圖
    出版社, 1982.

中國社會科學院編, 『中國歷史地圖集』-2-秦時西漢時期, 中國地圖
    出版社, 1982.

張純, 王曉波, 『韓非思想的歷史研究』, 臺北, 1983.

町田三郎, 『秦漢思想史の研究』, 東京, 1984.

板野長八, 『中國古代における人間觀の展開』, 東京, 1982.

貝塚茂樹, 『韓非』, 東京, 1982.

馮友蘭, 『中國哲學史』 上, 上海, 1940.

胡適, 『中國古代哲學史大綱』, 上海, 1919.

高亨·池曦朝, 『月刊文物』 第十一期, 1974.

李增,『大陸雜誌』六十八卷 第四期, 1984.

H. G. Creel, *What Is Taoism?*, Chicago University Press, 1970.

Tu Wei-ming, *The 'Thought of Huang Lao' : A Reflection on the Lao Tzu and Huang Ti Texts in the Silk Manuscripts of Ma-wang-tui*, Journal of Asian Studies, vol.39, 1979.

Jan Yun-hua, `*Tao, Principle and Law' : The Three Key Concepts in the Yellow Emperor Taoism*, Journal of Chinese Philosophy 7, 1980.

중국사학회 엮음,『중국역사박물관』-1- , 범우사, 2004.

중국사학회 엮음,『중국역사박물관』-2- , 범우사, 2004.

한비자 바른 법치의 시작

펴낸날	초판 1쇄 2013년 9월 30일

지은이	**윤찬원**
펴낸이	**심만수**
펴낸곳	**(주)살림출판사**
출판등록	**1989년 11월 1일 제9-210호**

주소	경기도 파주시 문발동 522-1
전화	031-955-1350 팩스 031-624-1356
기획·편집	031-955-4662
홈페이지	http://www.sallimbooks.com
이메일	book@sallimbooks.com

ISBN	978-89-522-2733-1 04080

※ 값은 뒤표지에 있습니다.
※ 잘못 만들어진 책은 구입하신 서점에서 바꾸어 드립니다.

이 도서의 국립중앙도서관 출판시도서목록(CIP)은 서지정보유통지원시스템 홈페이지
(http://seoji.nl.go.kr)와 국가자료공동목록시스템(http://www.nl.go.kr/kolisnet)에서
이용하실 수 있습니다.(CIP제어번호: CIP2013018472)

책임편집	**최진**

026 미셸 푸코

양운덕(고려대 철학연구소 연구교수)

더 이상 우리에게 낯설지 않지만, 그렇다고 손쉽게 다가가기엔 부담스러운 푸코라는 철학자를 '권력'이라는 열쇠를 가지고 우리에게 열어 보여 주는 책. 권력은 어떻게 작용하는가에서 논의를 시작하여 관계망 속에서의 권력과 창조적 · 생산적 · 긍정적인 힘으로서의 권력을 이야기해 준다.

027 포스트모더니즘에 대한 성찰

신승환(가톨릭대 철학과 교수)

포스트모더니즘의 역사와 논의를 차분히 성찰하고, 더 나아가 서구의 근대를 수용하고 변용시킨 우리의 탈근대가 어떠한 맥락에서 이해되는지를 밝힌 책. 저자는 오늘날 포스트모더니즘으로 대변되는 탈근대적 문화와 철학운동은 보편주의와 중심주의, 전체주의와 이성 중심주의에 대한 거부이며, 지금은 이 유행성의 뿌리를 성찰해 볼 때라고 주장한다.

202 프로이트와 종교

권수영(연세대 기독상담센터 소장)

프로이트는 20세기를 대표할 만한 사상가이지만, 여전히 적지 않은 논란과 의심의 눈초리를 받고 있다. 게다가 신에 대한 믿음을 빼앗아버렸다며 종교인들은 프로이트를 용서하지 않을 기세이다. 기독교 신학자인 저자는 이 책을 통해 종교인들에게 프로이트가 여전히 유효하며, 그를 통하여 신앙이 더 건강해질 수 있다는 점을 보여 주려 한다.

427 시대의 지성 노암 촘스키

임기대(배재대 연구교수)

저자는 노암 촘스키를 평가함에 있어 언어학자와 진보 지식인 중 어느 한 쪽의 면모만을 따로 떼어 이야기하는 것은 불합리하다고 말한다. 이 책에서는 촘스키의 가장 핵심적인 언어이론과 그의 정치비평 중 주목할 만한 대목들이 함께 논의된다. 저자는 촘스키 이론과 사상의 본질에 다가가기 위한 이러한 시도가 나아가 서구 사상을 받아들이는 우리의 자세와도 연결된다고 믿고 있다.

024 이 땅에서 우리말로 철학하기

이기상(한국외대 철학과 교수)

우리말을 가지고 우리의 사유를 펼치고 있는 이기상 교수의 새로운 사유 제안서. 일상과 학문, 실천과 이론이 분리되어 있는 '궁핍의 시대'에 사는 우리에게 생활세계를 서양학문의 식민지화로부터 해방시키고, 서양이론의 중독으로부터 벗어나야 한다고 역설한다. 저자는 인간 중심에서 생명 중심으로의 변화와 관계론적인 세계관을 담고 있는 '사이 존재'를 제안한다.

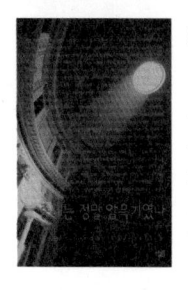

025 중세는 정말 암흑기였나　　eBook

이경재(백석대 기독교철학과 교수)

중세에 대한 친절한 입문서. 신과 인간에 대한 중세인의 의식을 다루고 있는 이 책은 어떻게 중세가 암흑시대라는 일반적인 인식을 가지게 되었는지에 대한 물음을 추적한다. 중세는 비합리적인 세계인가, 중세인의 신앙과 이성은 어떠한 관계를 갖고 있는가 등에 대한 논의를 하고 있다.

065 중국적 사유의 원형　　eBook

박정근(한국외대 철학과 교수)

중국 사상의 두 뿌리인 『주역』과 『중용』을 철학적 관점에서 접근한다. '산다는 것은 무엇인가?'라는 근원적 질문으로부터 자생한 큰 흐름이 유가와 도가인데, 이 두 사유의 흐름을 거슬러 올라가다 보면 그 둘이 하나로 합쳐지는 원류를 만나게 된다. 저자는 『주역』과 『중용』에 담겨 있는 지혜야말로 중국인의 사유세계를 지배하는 원류라고 말한다.

076 피에르 부르디외와 한국사회　　eBook

홍성민(동아대 정치외교학과 교수)

부르디외의 삶과 저작들을 통해 그의 사상을 쉽게 소개해 주고 이를 통해 한국사회의 변화를 호소하는 책. 저자는 부르디외가 인간의 행동이 엄격한 합리성과 계산을 근거로 행해지기보다는 일정한 기억과 습관, 그리고 사회적 전통에 영향을 받는다는 사실로부터 시작한다는 점을 강조한다.

096 철학으로 보는 문화

eBook

신응철(숭실대 인문과학연구소 연구교수)

문화와 문화철학 연구에 관심 있는 사람을 위한 길라잡이로 구상된 책. 비교적 최근에 분과학문으로 등장하기 시작한 문화철학의 논의에 반드시 들어가야 할 요소를 선택하여 제시하고, 그 핵심 내용을 제공한다. 칸트, 카시러, 반 퍼슨, 에드워드 홀, 에드워드 사이드, 새무얼 헌팅턴, 수전 손택 등의 철학자들의 문화론이 소개된다.

097 장 폴 사르트르

eBook

변광배(프랑스인문학연구모임 '시지프' 대표)

'타자'는 현대 사상에 있어 가장 중요한 개념 중 하나이다. 근대가 '자아'에 주목했다면 현대, 즉 탈근대는 '자아'의 소멸 혹은 자아의 허구성을 발견함으로써 오히려 '타자'에 관심을 갖게 되었다. 그리고 타자이론의 중심에는 사르트르가 있다. 사르트르의 시선과 타자론을 중점적으로 소개한 책.

135 주역과 운명

eBook

심의용(숭실대 강사)

주역에 대한 해설을 통해 사람들의 우환과 근심, 삶과 운명에 대한 우리의 자세를 말해 주는 책. 저자는 난해한 철학적 분석이나 독해의 문제로 우리를 데리고 가는 것이 아니라 공자, 백이, 안연, 자로, 한신 등 중국의 여러 사상가들의 사례를 통해 우리네 삶을 민추히는 방식을 취한다.

450 희망이 된 인문학

eBook

김호연(한양대 기초 · 융합교육원 교수)

삶 속에서 배우는 앎이야말로 인간의 운명을 바꿀 수 있는 기회를 준다. 그래서 삶이 곧 앎이고, 앎이 곧 삶이 되는 공부를 하는 것이 무엇보다 중요하다. 저자는 인문학이야말로 앎과 삶이 결합된 공부를 도울 수 있고, 모든 이들이 이 공부를 할 수 있어야 한다고 믿는다. 특히 '관계와 소통'에 초점을 맞춘 인문학의 실용적 가치, '인문학교'를 통한 실제 실천사례가 눈길을 끈다.

eBook 표시가 되어있는 도서는 전자책으로 구매가 가능합니다.

㈜살림출판사

www.sallimbooks.com

주소 경기도 파주시 문발동 522-1 | 전화 031-955-1350 | 팩스 031-955-1355